圣 SAGE 贤

中原历史文化系列丛书
SERIES ON THE HISTORY AND CULTURE OF CENTRAL PLAINS

李鸿安◎著

中央民族大学出版社
China Minzu University Press

序 圣贤

那些在某一历史时段最杰出的领先人物，人们称之为「圣人」，他们品格高尚，智慧超群。历史上长期处于中国政治、经济、文化中心地带的黄河中下游，上下五千年，纵横数千里，铮铮之士，佼佼之才，灿若星空。一批批政治、思想、科学、艺术上有造就的人物，活跃在这个大舞台上。其中不乏圣人辈出。

本册《圣贤》从中原众多称「圣」的历史人物中，撷取了文学之圣、艺术之圣、科学之圣等人物，循着他们的历史足迹，讲述他们成长中的有趣生活故事、他们具有启迪性的人生历程、他们世代称颂的杰出才华，以及他们开创性的成就和对人类文明的伟大贡献。

目录

篇

第一章 字圣仓颉

圣贤

第一章 字圣仓颉

一

字圣仓颉

1. 鸟兽印迹的启发

传说我国（汉族）的文字是远古的仓颉受鸟兽印迹的启发而创制的。仓颉的坟冢安放在河南省濮阳市南乐县，始建于东汉桓帝永兴二年（公元 154 年），庙内有一通元代延祐年间（公元 1314—1320 年）的残碑，碑文记载：“仓颉生于斯葬于斯，乃邑人之光也。”另有文献记载：“吴楼村，帝（仓颉）仙庄焉。”这座“仙庄”就是今南乐县城西北 35 公里的梁村乡吴村。吴村之北的繁水河岸上有一高台地，台地的西北角有一棵粗可合抱的古刺树，高达 2 丈余，巍然挺拔。相传五千多年前的一个正月二十四日，仓颉就出生在这里。

南乐县位于河南北部边缘，古老的黄河故道述说着南乐沧桑之变；起伏的岗丘隐藏着南乐古老的历史；流经其间的卫河和马颊河积淀了南乐厚重的千年文化。南乐是中华民族的发祥地之一。六千多年前仰韶文化时期，南乐这块热土上就有人类活动，繁衍生息。先祖们用自己的双手创造了灿烂的远古文明。

仓颉也称苍颉，原姓侯冈，名颉，号史皇氏。传说他是黄帝的史官，是汉字的创造者，被后人尊为中华文字始祖，称为“字圣”。

插图 1-1.1 仓颉画像

据《吕氏春秋通诠·审分览·君守》记载，仓颉传说为黄帝的史官，汉字的创造者，被后人尊为中华文字始祖。但普遍认为汉字由仓颉一人创造只是传说，不过他可能是汉字的整理者。

仓颉一出世就是个另类人，他四目放光，体型魁伟，从小机智聪颖，敏而好学。到了谈婚论嫁的年龄，他选择了同村的查氏之女为妻。结婚的地点也是这棵古刺树下。到了外出谋事的年龄，他便离家出游，落脚于黄帝部落。黄帝是远古中原部落联盟的领袖，修德治兵，大治天下。举贤任能的黄帝看到仓颉的才智，就用他为史官，负责管理部落的财物。最初，由于黄帝部落弱小，财物有限，仓颉不需花费多大力气就管理得井井有条。

那时的中原地区，氏族林立，部落无数，部落之间不断发生摩擦，甚至侵伐掠夺，侵占土地。黄帝以道义促使部落之间相安友好，以武力征伐强暴，制止侵夺。许多部落敬仰黄帝威望，前来通好归从。黄帝部落逐渐强大起来，统治的地盘不断扩大，部落的人数不断增加，财物也越来越多。财物不丰富的时候，仓颉管理财物凭脑子记忆。后来，财物越积越多，常出现管理上的疏漏，甚至财物混乱。简单的记账方式已不适用了，聪明的仓颉想尽办法来改变自己的管理水平。有一天，他看到自己的腰带结，不禁眼睛一亮，受到了这个“结”的启发。他找来了一根绳子，在绳子上打上一个一个的结，用来表示一件一件的物或事。这个方法果然奏效，他的财物管理又逐渐走向有序，提高了工作效率。

这时，姜姓部落的首领炎帝，从居住之地姜水流域（今陕西境内）沿渭水、黄河东徙，到达了水丰草盛的陈地（今河南省周口市淮阳县）定居下来，并建都于此。不久，强大的九黎族部落在首领蚩尤的率领下，向炎帝部落进攻，炎帝力不如敌，被蚩尤打败。炎帝败退到涿鹿（今河北境内），并欲向中原地区发展。黄帝即派人前去说服炎帝归顺，炎帝不从，于是爆发了炎黄之战。传说，黄帝与炎帝两个部落交战于阪泉（今河北省涿鹿县东南），战斗异常激烈。黄帝命仓颉把炎帝部落犯境杀人、抢掠财物的罪行都要一一记录在案，作为向炎帝讨伐的罪证。仓颉受命之后，看着一条条绳子上的串串绳结，心中为难，这一个一个的绳结有数无名，哪能分得出是什么事啊。黄帝看他迟疑不记，非常气愤，非要罢官以示惩罚。

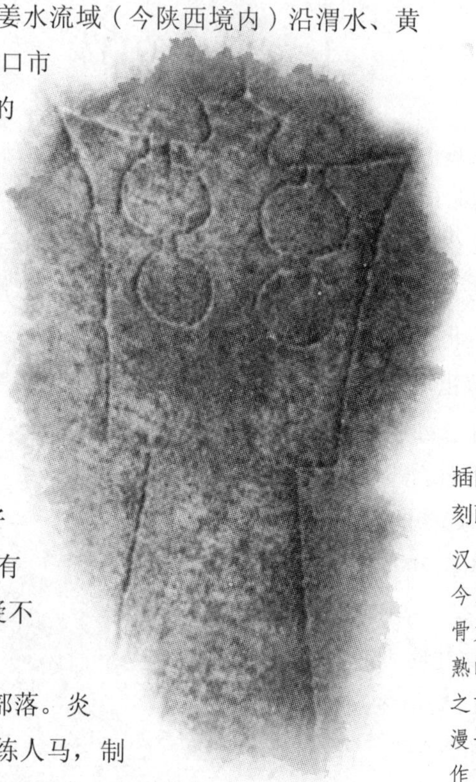

插图 1-1.2 古代陶器上的刻画符号

汉字的历史，上溯到距今三千多年前殷商的甲骨文，它已经是一种成熟的文字；而在甲骨文之前，文字应该有一段漫长的发展过程。汉字作为记录汉语的符号系统，在其形成的过程当中可能存在契刻记事阶段，这些符号可以记录一些简单或复杂的事情。

黄帝三战阪泉，打败了炎帝，收服了炎帝部落。炎黄融合，结成联盟。接着，黄帝积极备战，操练人马，制作兵器，一举扫平了强悍凶狠的蚩尤部落，统一了天下，建都有熊。

天下虽然平定了，但仓颉的心中并不平静，他还在为没有完成黄帝的任务而羞愧。他决心找出一种新的方法，以便有效地记事。他昼思夜想，搜肠刮肚，但始终理不出一个头绪来。

正当他苦苦思索、进退两难的时候，一位白发仙翁叩开了他的门。仙翁指点他说：“你一个人想不出的事，何不去求教老百姓呢？”仓颉茅塞顿开，立即踏上征途，遍访民间能人。他翻越了七七四十九座大山，涉过了八八六十四条河流，磨破了九九八十一双鞋袜，拜访了无数能人，获益匪浅。

在一个大雪初霁的日子里，他来到一个三岔路口，遇上一群人在一起说话。仓颉上前一听，原来他们正在商量追捕猎物的分工。他们商量后决定，一个人向西去捕一只麋鹿，一个人向南去追一只熊罴，一个人向西去追捕一只野雉。仓颉看到他们分工如此明确、确定各方向的猎物如此肯定，非常奇怪。他就上前问其原因，猎人立即指指雪地上那猎物留下的蹄爪印。仓颉一看，眼前一亮，心知肚明，灵感突然而现。他马上想到，这雪地上的每一种兽蹄禽爪印迹，都能清楚地代表一种动物。那么为何不画出各种事物的符号来表示世间万物呢？想到这里，他高兴得手舞足蹈，忘记了连日来寻访的疲劳，于是他便隐居于村里，开始研究创造代表事物的各种符号。经过多年的研究，他终于画出了许多符号，分别表示不同的事物，并给这些如画一样的符号起名“字”。

仓颉造字黄帝大为赞赏，于是黄帝在国都有熊召集九州酋长，把仓颉创造出的那些字，一个个传授给他们。后来仓颉又把造的字教给老百姓，为此，他几乎走遍了全国。仓颉成了家喻户晓的名人，受到人们的尊敬。

这位史前传说人物，在中国古代战国以前的典籍中都从未提及。最早提及仓颉者，是战国时期的荀子。其后是《吕氏春秋》和《韩非子》，在荀子“故好书者众矣，而仓颉独传者，一也”的基础上，又有所引申，都记录了“仓颉作书”的史实。汉代后，在《淮南子》和《论衡》中，已从“仓颉造字”发展为“仓颉四目”，将其神化。尤其是汉代的纬书，又对其渲染。纬书是汉代以神学星相数术解释儒家经义的一类书，其中保存不少古代神话传说，也记录了一些有关古代天文、历法、地理等方面的知识。仓颉造字的记录也被演绎得神乎其神，甚至杜撰出仓颉是“黄帝的史官”这样的传说。

插图 1-1.3 仓颉画像（绢本立轴 明代佚名）

史书最早记载仓颉的是战国时期的荀子，其后《吕氏春秋》和《韩非子》等典籍中作了引申性描述。汉代后的典籍中，就把仓颉作神化渲染。西汉末年的《春秋元命苞》是假托神意解释经典的著作，书中称仓颉“生而能书，又受河图录书，于是穷天地之变，仰视奎星圜曲之势，俯察鱼文鸟羽，山川指掌，而创文字”。仓颉造字是“师法自然”。仰韶文化地层出土的陶器上，已有彩绘图画和刻画符号，应是记录、传达和存储事物的信息。据此推测，仓颉所造的“象形文字”，为锐器刻画的“契”，颜料画的“文”，即“图画文字”。这应是仓颉捕捉天上变幻的流云等物象、地上多变的爪迹的结果。

2. 传说中的字圣

河南省南乐县梁村乡吴村的古繁水河岸东南角有一座台地，其高丈余，俗称“造字台”，又称“造书亭”。传说，这里是仓颉造字的圣地。明孝宗弘治七年（公元1494年），曾立碑记载，碑上刻有仓颉画像。唐代大诗人岑参曾游览仓颉故里，登上造字台，对仓颉的伟大创造感慨万千，赋诗书怀：“野寺荒台晚，天寒古水悲。空阶有鸟迹，犹是造书时。”据说古都开封市也可找到仓颉造字的踪迹。开封市北郊有一个刘村，村北也有一个土台，即仓颉造字台。

我们的祖先从鸟兽之迹中受到启发，把“迹”画成不同的图画，以代表各种鸟兽。这种图画叫“图画文字”。图画文字是中华民族一个了不起的发明创造，它开启了人类一种以图画与符号为依托的信息系统，从而使人们认识到，世上的万事万物都可以用这种方式表达出来。这就开阔了人的视野，开辟了人们信息交流的新渠道。虽然这种图画文字还不能称为实质上的文字，但它为人们认识事物、描述事物、记录事物及传递信息产生了质的飞跃。自图画文字出现之后，人们在无数次的重复使用过程中，不断改造它、丰富它、完善它，逐渐使图画所表达的含义有了固定的形式。在不断的探索中，使“形”与“义”形成了密不可分的关系，具有了约定俗成的性质。于是，实质上的“字”形成了。为汉字的发展奠定了基础，因仓颉创造出了代表事物的各种符号，后人称其为“字祖”“字圣”，当之无愧。

仓颉是传说中远古时代的人物，虽没有完整的史料记载，但传说却很丰富，在一些史籍和经典著作中都有记述，如《韩非子》《淮南子》《说文解字》等典籍中都有记载。司马迁、班固等史学家在其著作中都称仓颉为黄帝的史官。东汉杰出的思想家王充在《论衡》一书中这样描述：仓颉四只眼睛，因而他看到的世界万物，就与常人不同。所以，他能“仰视奎星圜曲之势，俯察龟纹鸟迹之象，博采众美，合而为文”。西汉皇族淮南王刘安主持撰写的《淮南子》中说，仓颉造字时天上下起小米，夜里有鬼哭泣之声。

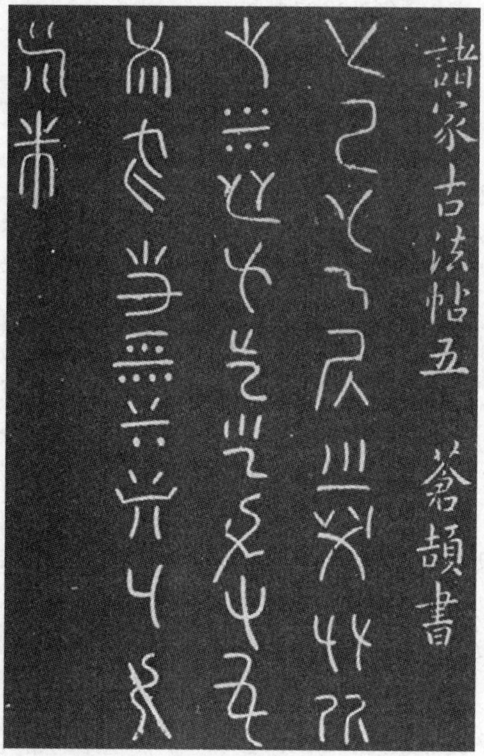

插图 1-2.1《淳化秘阁法帖》帖中的仓颉书法（宋刻宋拓本）

北宋，宋太宗和宋徽宗分别将开封《仓王造字碑》命名为《仓颉书》，编排刻印进宋代淳化、大观年间的《淳化阁》帖内。此帖也称《淳化秘阁法帖》。《仓颉书》4 行 28 字，传为仓颉留下的文字。考古学专家研究破译称《仓颉书》记录的内容是上古时期一次祭祀活动，直译为：“一妖来始，界转鸦杈，祭神青脑，祸小马念，师五除扫，幡斋解果，过鼠还魂。”大意是：“一群妖魔刚来到，树上乌鸦满天飞；割青宰羊祭山神，念经消灾骑马归；五位经师施法术，做斋完毕魂幡回，消灭鼠精魂归位。”遗憾的是开封《仓王造字碑》和《仓颉书》等三通石刻已经遗失。

在点点滴滴的文字记载中，人们不断演绎着仓颉造字的故事。仓颉天生四只眼睛，不仅能观察到宇宙中显形的、敞开的万物，而且还能看到隐匿在万物之后的缄密和大道，因而能破译出蕴藏于天地中的密码和约理。当他仰观日月星辰圜曲转换之势，俯瞰山川脉络之象，旁观鸟兽虫爪之迹、草木之形之时，有所感悟，而后创造出文字。这就是神人之为了。

从另一个角度看，文字确实有神奇的作用。从文字对人类的影响来理解，仓颉的四只眼睛寓意着文字不仅能让人们知晓千万里之外的情况，而且能了解到千百年前发生的事情，甚至通过文字可预知未来。文字使人们获得信息，不会受时间和空间的限制。仓颉创造了文字，就等于给人们又增添一对神奇而智慧的眼睛。

仓颉造字时“天雨粟，夜鬼哭”的传说，象征着人类借助于文字这种信息载体，就可以把许多知识以及众人的智慧传播出去，美的事物就会发扬光大，恶的、丑的东西就会被揭露。

仓颉造字的传说在民间口口相传，代代相递，在口耳相传的过程中其内容不断丰富，不断人性化、生活化。不同时代，不同地区，就有不同的说法。因此，传说有许多不同的版本。

插图 1-2.2《淳化秘阁法帖》（北宋著名拓本）

法帖，是将古代著名书法家的墨迹经双钩描摹后，刻在石板或木板上，再拓印装订成帖。北宋淳化三年(公元992年)，太宗赵炅令出内府所藏历代墨迹，命翰林侍书王著编次摹勒上石于禁内，名《淳化阁帖》，又名《淳化秘阁法帖》，简称《阁帖》，是中国最早的一部汇集各家书法墨迹的法帖，共10卷，收录自先秦至隋唐一千多年的书法墨迹，包括帝王、臣子和著名书法家等103人的420篇作品，被后世誉为中国法帖之冠和“丛帖始祖”。

河南省洛阳市洛宁县也有一座“仓颉造字台”，述说了仓颉造字的另一个版本。洛宁县位于九朝古都洛阳市西南80公里的豫西山地，它的南面绵亘着熊耳山，北面耸立着古崤山。洛河是黄河最大的支流，横贯洛宁县东西，滋润着这片古老广袤的土地。洛宁县自北魏太和十一年置县，距今已有1500年的历史。境内有标志中华民族文化渊源的“洛河出书处”。大禹治水时，从“洛书”中获得了灵感，找到了治水的方法，很快平息了水患。伏羲看到“洛书”后，创造了先天八卦，后周文王姬昌在推演易卦时，也受到“洛书”的启示。仓颉造字发生在这样一个古老而神奇的地方就不足为奇了。

相传仓颉幼年时很爱画画，还养了一只自己钟爱的小灵龟。他走到哪里都要带上小灵龟，他最爱看的就是小灵龟背上的纹路。洛宁县兴华乡有一条河，叫阳谷河。有一天，仓颉带着他的小灵龟来到阳谷河畔。他坐在柔软的沙滩上歇脚，此时艳阳高照、河水清澈，令人心旷神怡。他禁不住又把心爱的小灵龟拿出来把玩，放它到沙滩上爬行。仓颉看着小灵龟爬行时留下的路线痕迹眼前一亮，那些横竖多变、弧圆各异的线条引出他许多的思考；特别是小灵龟的足迹与沙滩上其他鸟的爪迹相互交错组成的各种图形更使他联想无限。他激动地跑到一座高高的土台上，迎着习习凉风，看着沙滩上的图画，思索着那些横、竖、点、圈等形状，然后用树枝在地上画起来。他的思路逐渐清晰而明朗，终于画出了一些可代表事物的图画。汉字的最早雏形就这样诞生了。后来，人们为了纪念仓颉造字的功劳，就把这座土台叫仓颉造字台。

河南省新郑市流传着仓颉造字的另一个传说。新郑市位于郑州市南40公里处，有“中华第一古都”之称，被誉为“露天博物馆”。这里文化底蕴深厚，8000年前的裴李岗文化，在这里闪耀着中华文明的光芒；5000年前的黄帝之都有熊遗迹，印下了华夏祖先的足迹。始祖山上、姬水河岸遍布了黄帝活动的文化遗址。这片古老的土地上有许许多多的传说，包括仓颉造字的传说。

新郑仓颉造字台位于新郑市南关、双洎河的南岸，又称为“凤凰御书台”。这

插图 1-2.3 仓颉故乡南乐县仓颉造台遗址

南乐县仓颉陵园中的"仓颉造书台"简称"仓台"，传为收集和整理古文字的地方。此台始建年代不详，东汉时已知名，台上有"仓颉造书台亭"，典籍文献中记载称"仓亭"。在这里历史上曾发生过重大的战事：东汉末太尉皇甫嵩与黄巾军卜已部之战、曹操与袁绍之战、南北朝魏郡内黄（今安阳内黄县）人冉闵大败张贺度之战等。清代著名历史地理学家顾祖禹说：仓亭在南乐县西三十五里。现仓颉造书台依照旧制修复，青砖砌成，高三丈，阔五丈，城堞如齿，石阶曲回。台上按汉代营造法式复原仓亭，亭内圭形碑，上部有穿，古香古色。碑上刻相传为仓颉所造的二十八个字，依照北宋淳化阁帖复制。修复时，发现民国四年（公元1915年）上书"造字台"三字的刻石遗物。唐宋以来历代文人雅士常于台上登高望远，或临风吟咏，或抒发情怀，或寄托志向，儒雅倜傥，风流万千。不少诗作至今流传。唐代岑参曾登台发思古之幽情，诗曰："野寺荒分晚，寒天古木悲。空阶有鸟迹，犹是造书时。"

个名字里隐含着一个美丽的故事。相传仓颉当年在此处造字时遇到了困难，对某些问题百思不得其解。黄帝得知后前来安慰、鼓励他。正在此时天空出现了一只美丽的凤凰，嘴里衔着一本书翩翩飞下。光彩夺目的凤凰把书放在黄帝面前后又振翅飞走了，黄帝立即把书交给仓颉。仓颉得书后，认真阅读，顿时开窍，终于造出了字。

新郑市南关有一座高高的台地，台四面环绕着沟。宋代时，在此建了一座佛寺，后来人们把它叫"凤凰台寺"。到了明代，人们为了纪念仓颉造字的功劳，又在城内南街建了一座文庙。

3. 汉字的哲学韵味

专家们在挖掘汉字的深层宝藏和汉字的哲理时，提出了一个惊世骇俗的观点，认为仓颉在造字时，把易学的哲学思想融入其中了。伏羲画八卦早于仓颉造字。聪明而智慧的仓颉，从八卦中受到过那些符号的影响和启示是合乎情理的。同时，现代研究汉字者发现，汉字与八卦的卦象，有鲜明的内在联系，二者表现出一致性。

八卦在占卜中记录下的数字符号源自客观事物。而仓颉所造"图画字"的构成，建立在象形基础上，也就是以模拟客观事物为基础。如此看来，二者对外部事物的高度概括和有序化是相同的。再者，用于占卜的八卦，每个符号都含着一定的意义；而"图画字"的每个符号也都有固定的含义。所以，二者不仅是一种结构形式上的存在和延伸，而且还包蕴着超出形式结构之外的"意"。从另一方面看，文字与八卦的创造，都体现了宇宙生命的变化和发展规律；它们的生成与创造，都具有秩序化、条理化和规范化的特征。汉字在许多方面用易学思想做出解释，而易学思维的多方面理论皆可在汉字里找到佐证。

在民间许多传说故事中，往往有客观事实的影子，汉字的创造和形成也是如此。在那些看似单纯的符号里，蕴含着易理的阴阳之道，成为我国古代哲学观点和科技信息的载体。汉字以独特而丰富的内涵，表示客观事物的隐显向背之情、盛衰沉浮之理，融会了字义和八卦象数，形成了阴与阳的合一、形与义的统一、象与数的归一，其既表义，又表音，形成了形、音、义的融会贯通。

汉字之根在中原，汉字之祖是以仓颉为代表的先民们。仓颉虽说是传说中的人物，但在炎黄子孙的心目中，仓颉就是一个真实的人物。人们把仓颉奉为“圣人”，敬仰他，纪念他。

相传仓颉生于南乐，死后归葬于南乐。南乐县的梁村乡吴村村北有仓颉的陵墓，陵高约5米，直径10米，为一青砖围砌的土冢。土冢的下面是仰韶文化遗址和龙山文化遗址。陵前有翁仲和石狮。明代隆庆五年（公元1571年），南乐县的知县刘弼宽在陵前建造一座石坊，上书“仓颉”二字。

中华民族始自仓颉起有了自己的文字，而且这种文字无论是蕴含的广博性抑或象形的准确性，都是世界上任何一种文字所不可比拟的。汉字在发展和演变的过程中，经过漫长岁月的淘漉，经过了无数代人的提高、丰富和美化，最终走向了规范和统一，是华夏民族聪明才智的积淀。在人类文明的历史长河里，最重要的信息形态是文化信息；在丰富多彩的文化信息中，最重要的当数语言文字信息；在人类从创造到获取，从发展到规范的各种语言文字信息中，只有汉字能悠久地、持续地与炎黄子孙紧密相连、息息相关，与中华民族同步跨越人类历史的沧桑，绵延至今，盛久不衰。

插图1-3.1 反映汉字演变过程的拓片

汉字是世界上最古老的文字之一，它经过六千多年的变化，在形体上逐渐由图形变为由笔画构成的方块形符号。它由象形文字（表形文字）演变成兼表音义的意音文字，使它集形象、声音和辞义三者于一体，在世界文字中有独一无二的魅力。汉字是汉民族几千年文化的瑰宝，也是我们终生的良师益友、精神家园。汉字能让人们产生美妙而大胆的联想，给人美的享受。图上左为甲骨文；上右为钟鼎文（金文）；中为大篆；下左为小篆；下右为隶书。

仓颉造字的功绩还可以从汉字的人文意象方面来体会。汉字的人文意象表现在它的绘画性上。汉字是既有长度又有宽度的二维结构的平面文字，要比一维结构多了一个获取信息的通道，使人们认读时提高了获取信息的能力。汉字的平面方块结构与人的视觉结构相应。认读不同字形的汉字时，每个平面方块落在视网膜上形成了鲜明的信息刺激，因此每个汉字所含的平均信息要比其他种文字高出一倍以上。汉字信息的高度集中、高度浓缩是其他文字无法比拟的。仓颉造字之初，人类的语言简单，既无通信，又无借鉴，但仓颉却在万物之中发现、创造出象形符号，用这种符号来传递人的眼睛和大脑中所有的信息，成了一种新的信息载体。在此基础上，又经过一代又一代人的使用、再创造、丰富、完善，使它逐渐线条化，最后达到规范化，形成了我们今天所用的汉字。

插图 1-3.2“汉字七体”

汉字从远古的象形文字表现具体事物起步，在逐步的发展中，由象形化走向抽象化，这个漫长的过程，生动地反映了人类文明的进程。汉字的演变过程是：商代甲骨文—周代金文—秦代小篆—汉代隶书—魏晋草书—唐代楷书—行书，以上“甲、金、篆、隶、草、楷、行”七种字体称为“汉字七体”。

仓颉造字的伟大还表现在汉字的人性化上，汉字以人为本。“近取诸身，远取诸物”是仓颉造字的原始方法。“取身”，即将人身移拟于自身以外之物。仔细品味一下汉字的“形”就会发现，许多汉字是模仿人象而造。人立如木形，人游如鱼形，人舞如鸟形，人奔如兽形，如此等等，此类汉字与人体相通。在汉字发展、流变中，仓颉时代“字”的具象功能逐渐减弱，抽象功能逐渐增强，在一定程度上，人象和物象接近了，贴近了“字”的“人性”。比如人体结构上头下足，左右对称，和谐完美；每个汉字结构布局上下呼应，左右对称，协调有致；人体以立体存于空间，汉字在平面上亦有鲜明的立体感；人体各部位、各器官有明显的距离和陪衬，汉字的笔画与笔画、部件与部件、笔画与部件之间都有严格而规范的距离与呼应的要求。人与字的“间距效应”是相同的。人有形、气、神，汉字有形、音、义；人体由骨、筋、血、肉等基本物质组成，汉字由点、线、笔画等基本元素构成。人体骨骼之间有关节相连，能做出各种复杂精巧的动作；汉字的点、线之间有交点相连，通过笔画的多姿变化和部件的灵活变移，能书写出千姿百态、美轮美奂的字体。人体的仪态优美，与汉字的形态美感达到了高度的呼应与统一。

汉字把人丰富而变化的思想感情融入了“字”中，每一个汉字都暗示着丰富的意义，往往不同的人对同一汉字有着不同的理解和感受。许多汉字随着时空的变移，又衍出一个或多个意义。人在汉字的演变中，理念、感情、性情、举动等也在变化着。许多汉字的演变，简直就是某段历史的记录。

汉字的源头是“图画文字”，仓颉是“图画文字”的创始者。后来，经过祖祖辈辈对“字”的加工、整理、再创、增补，使之逐渐成熟，成为一种独特的艺术。汉字艺术超过了它自身的使用价值，成了中华民族的一种艺术瑰宝。汉字的真、草、隶、篆等书体，展示出人情的流溢、神采的聚光、势力的张扬、气韵的吐纳、意境的熔铸、美感的协奏。汉字书写中的方圆机杼、曲直精纯、迟速疾涩、轻重心手、肥瘦肉骨、大小自足、疏密裁化、虚实黑白等艺术手法无处不见美；汉字的一笔一画、一撇一捺尽现美枝。舒其美叶，花萼相承，柯叶敷畅，令人美感百生，成为摇曳于人类艺林中的奇葩。

4. 圣庙香火

中国自古以来就有敬奉神明、崇拜圣人的传统，圣人就是神人，把圣人当成神明来供奉也是自然之理。为了供奉圣人，从最高统治者到平民百姓，祭奉神明的方式就是修庙造寺，雕刻塑像，烧香叩拜，如此代代相沿，寺庙文化成为中华民族文化的重要组成。人们对仓颉评价极高，他弃绳造字的功绩开宇宙之混沌，别人生之愚昧，天下为之晴朗。所以，为他造陵修庙顺民意、合时势。

南乐县吴村有“仓颉陵”一处。仓颉创造了中华汉字，被尊为“三教之祖”“万圣之宗”，仓颉陵自然是炎黄子孙拜谒的胜地。自汉朝两千多年以来，仓颉在这里受历代贤哲文人朝拜，百王景仰，万圣崇尊。仓颉陵高 5 米，高大雄伟，建造科学。陵前两座明代大方碑，由明代名臣李养正手书“三教之祖，万圣之宗”八个大字，碑侧刻有“重修史皇圣祖仓帝文庙正殿寝阁碑记”，由明代吏部尚书崔景荣撰文，明代工部尚书李从心手书。还存有翁仲、石狮，并建有石坊，上书“仓颉”二字。仓颉陵地下有堆积厚度达 4.6 米的仰韶、龙山文化层，曾出土了大量仓颉时代的器物。仓颉陵前有棵古树，前来拜祭的香客都要在树上拴一根红头绳，表达心愿以求吉祥安康。所以，这棵树前总能吸引数以千计的游人拴红头绳。

有陵应有庙，这是百姓的心愿。可有陵必有庙，陵与庙组合，才是百姓心中完美的拜祭胜地。关于修建仓颉庙，民间有一个美丽的神话传说。

仓颉活了 111 岁，一生创造的字车载斗量。仓颉死后万众怀念，为字圣修建一座庙宇，成为他们最大最美的心愿。有一任地方政府官员，既对造字圣人尊崇至极，

插图 1-4.1 南乐县仓颉陵园

传说南乐是仓颉故里，仓颉死后归葬桑梓，仓颉陵庙位于南乐县梁村乡吴村。明朝天启年间奉旨建庙，仓颉陵与仓颉庙一墙之隔。陵的大门叫“字圣坊”，仓颉陵北面不远处就是造字台，台高三丈，上有古亭，名曰仓亭，亦名六书亭。陵园布局紧凑，十分精致。

插图 1-4.2 濮阳市南乐县仓颉陵墓

陵墓围墙周长 36.5 米，合一年 365 天之数；围墙由石柱界开，分 12 节，寓意一年 12 个月；每节长 3 米、3.1 米、2.8 米不等，意为每个月天数不尽相同；石柱底部有 12 生肖雕像，按地支顺序依次排列。

又了解民意修庙之心。但若为修庙不顾百姓生活艰辛，而增加子民负担，有违圣人之愿，不应该随意为之。这位官员为筹款每日冥想，不得妙计，遂成心病。一日，梦中一神仙飘然而至对他说："你尊于圣，忧于民，心诚哉也！告诫你的百姓，3 日内不要走出家门，仓颉庙即可建好。"一梦醒来，半信半疑，但又渴望美梦成真，不妨一试。于是，立即下令，仓颉陵墓周围村庄的百姓 3 天内不得出门，陵墓前不得有任何人进行祭拜活动。

官府下令的第二天，突然狂风呼啸，飞沙走石，乌云翻滚，天昏地暗。百里村庄，关门闭户，路无行人。在史官村有一老汉，一生勤劳，在家闷得难受，等不得过完三天，就想出去看看。他背起拾粪的挎篓，拿起铁锨迎着狂风，走出了大门。他很关心仓颉陵墓，先去看看，正往前走，抬头一望，他惊呆了。只见一神仙在仓颉陵墓上空，灵光冲天。这位神仙宽大的袍袖一挥，霎时青砖、沙石等建房材料从四面八方飞来，自动落到正在修建的庙宇上。他看到那座正殿宏伟庄严，后楼高耸入云，两厢房布局严谨。前有高大的汉白玉牌坊，牌坊前两只巨大的石狮威猛雄健。正看得入神，不知不觉中他的铁锨掉在地上，只听"咣当"一声，那位神仙拂袖而去。老汉再看那庙，西北角还没完工。

在"一脚踏两省，一手摸三县"的吴村仓颉陵墓西侧巍然屹立着仓颉庙，一庙一陵，东西相望，百姓们非常高兴。

仓颉庙飞檐斗拱，气势恢宏。当地民谣说："仓颉庙，仙人建，万民之尊惊动天。"据庙内碑刻记载："历汉唐以来，未尝稍替。"今之仓颉庙是明清时的建筑，坐北朝南，占地面积 2700 平方米，依次建有朝天门、仰圣门、万古一人殿、六书殿及陵门、藏甲楼等建筑。仓颉塑像高大伟岸，四目灵光。仰圣门的两根明代阳刻石柱，代表儒、道、佛三教合一，堪称古代石雕艺术佳品。

整个建筑布局严谨、结构得当，受到专家学者及社会各界的赞赏，成为冀、鲁、豫交界处重要的祭祖胜地。

整座庙宇由山门、二门、拜殿、正殿和寝阁组成。还有明代名人篆额题联和仓颉夫妇的石雕。庙内碑刻林立，松柏苍翠，白杨参天。山门和二门为硬山式建筑。庙里二门内，有一对大方碑，上书“三教之祖”“万圣之宗”，为明代天启七年（公元 1627 年）所建。院内在松柏杨柳掩映下有三十多件石刻，多为名人题咏。

拜殿为卷棚式，两根檐柱上浮雕着鱼龙、缠枝花卉图案，正面镌刻着一副楹联：“百王敬仰治代结绳扶宇宙，万圣崇尊文成书契整乾坤。”拜殿正中，高悬金匾一块，上书“万古一人”四个大字。正殿供仓颉塑像一尊。塑像两侧有一副对联：“盘古斯文地，开天圣人家。”这副对联为宋代澶渊之盟后，北宋名臣寇准专程祭拜仓颉庙而挥笔题的千古名句。寝阁为硬山式两层阁楼，阁内原有仓颉、仓颉之妻及二侍者的石像，可惜已被毁。今进阁内，只能看到仅存的石刻。

仓颉庙的楼台亭阁鳞次栉比、雄伟壮观。自汉朝以来，各朝代官员每年都要在此进行祭祀活动。相传正月二十四是造字圣人仓颉的生日，所以吴村仓颉庙会在正月二十四。这日百姓纷纷来朝圣进香，祭拜的人摩肩接踵。赶庙会的人大致分为三类：一类是老人上香，祈求平平安安，风调雨顺；二类为年轻人，来消遣娱乐；三类是中年人，他们陪家人、老人、孩子来祈福。据统计，每年这天来自河南、河北、山东、山西等地的拜谒群众约有 5 万人。

河南省南乐县仓颉庙会，是冀、鲁、豫三省接合部最大的古庙会。庙会上文化内容丰富，形式丰富多彩，既可观赏传统文化遗产，还可领略原始宗教文化的韵味。现代的仓颉庙会上，传统民俗文化与现代商业气息交织在一起，更是一种别样风采。

商圣范蠡

第二章

圣贤

第二章 商圣范蠡

一 东南飞

二 吴越战

三 入商道

四 通才

五 恋情

二

商圣范蠡

1. 东南飞

自古以来，人们把买卖的东西叫作“商品”；把做买卖的行为称作“经商”；把做买卖的人称作“商人”；专门从事商品交换活动的行业称作“商业”。

夏代，社会上出现了一部分专门从事物品交换的人。到商代，这种活动已达到“商葩翼翼，四方之极”的繁荣局面。那时出现了“商业事件”。

4000多年前，一个在黄河流域活动的部落首领叫契。契协助大禹治水有功，受封于商地（今河南省商丘市），自此被称为“商族”。商部落的第七任首领、契的六世孙王亥经常率领奴隶驾着牛车到黄河北岸去交易。

据《竹书纪年》记载，夏朝第十任君主泄“十二年，殷侯子亥宾于有易，有易杀而放”。泄十二年（公元前1810年），王亥和弟弟王恒载着货物，赶着牛羊，从商地长途跋涉到了黄河之北的有易氏部落（今河北易水一带），作以物换物的活动。有易氏的部落首领绵臣十分贪财，见财起歹意杀害了王亥，赶走了王亥的随行人员，夺走了货物和牛羊。王亥的弟弟王恒有幸逃回了商地。王亥之子上甲微非常悲愤，发誓要为父报仇。四年以后，即泄十六年（公元前1806年），上甲微借助水神河伯的力量打败了有易氏部落，杀了首领绵臣。这也许是历史上第一次以血腥的手段呈现的“商战”。

插图2-1.1 范蠡画像

范蠡，春秋末著名的政治家、谋士和实业家。后人尊称“商圣”。他出身贫寒，但博学多才，聪敏睿智、胸藏韬略，辅佐越国勾践兴国雪耻，功成名就，急流勇退，化名姓为鸱夷子皮，与美女西施西出姑苏，泛一叶扁舟于五湖之中，遨游于七十二峰之间。三次经商成巨富，三散家财，自号陶朱公，称为儒商之鼻祖。世人誉之“忠以为国；智以保身；商以致富，成名天下”。

中国历史上第一位有社会地位、有影响力的商人是春秋时代的楚国人范蠡。范蠡不仅有独到而成功的经商模式，而且还具有高尚的经商品德，从而获得了“商圣”的殊荣。

范蠡，春秋楚国宛地三户邑（今河南省南阳市淅川县大石桥乡至寺湾镇间）人。南阳地处伏牛山之南，历史悠久，文化璀璨。7000年前，南阳是人类活动的中心地区之一；春秋时，这里为楚国宛邑；东汉时，光武帝在此发迹，被定为陪都，是当时全国最繁华的城市之一。“三户”，一作“橐五户”。《越绝书》记载，范蠡“其始居于楚，生于宛橐五户之墟”。《辞源》解释：“三户是楚国的昭、屈、景三家大贵族。”“三户邑”因楚国的三户贵族居住而得名，地处河南省南阳地区的淅川县西南。淅川古为商旅之地，是楚始都“丹阳”所在地和楚文化的发祥地，是南北文化的交汇点。楚国900年历史有450年建都在淅川。自淅川县沿丹江北上，可达秦川，南下可抵荆襄。淅川县历史悠久，文化灿烂，孕育了无数历史文化名人，有晋代经学家范宁、南北朝文学家范泰、《后汉书》的作者史学家范晔、《神灭论》作者范缜等，还有著名诗人屈原、李白、杜甫、白居易、元稹、杜牧、元好问等，都在此留下了光辉诗篇。

插图 2-1.2 传说范蠡学狗吠所爬的狗洞

愤世嫉俗的范蠡隐身尘间，不愿出世。越国大夫知其奇才，亲访其家，但范蠡装疯卖傻，从狗洞爬出戏谑。此洞虽为传说之物，却表达了范蠡家乡人对他人格的怀念。

传说范蠡是个怪异之人。他家中贫寒，却是一个饱学之士。不但满腹经纶，而且胸藏韬略，但却怀才不遇无法施展。他既不为权贵者所识，也不为世人所解。于是，他愤世嫉俗，隐身而退，浪迹江湖。**他肩披长发睥睨世俗，却流露出风流倜傥的气度；他佯装狂癫，玩世不恭，却流露出超凡脱俗的风骨。范蠡就如沙**子中的一粒金子，就算是在阳光下一闪，总有慧眼发现。越国大夫文种就是发现这粒金子之人。

文种，字子禽，楚国郢都人。他足智多谋，善于外交，是春秋末年著名的谋略家。他曾任楚国宛县最高行政长官（今河南省南阳）太宰。文种十分重视人才，他遍访宛地的贤达名士。关于三户邑人范蠡的信息引起了他的注意，范蠡狂放癫痴的性情更让他重视。

文种决定拜访范蠡。他先派了一个小吏前往了解范蠡。小吏回来报告说：“范蠡名闻乡里，那是因为他是一位狂人，自幼有疯癫病。”文种笑道：“吾闻士有贤俊之姿，必有佯狂之讥，内怀独见之明，外有不知之毁。此非二三子之所知也。”文种眼光敏锐，看有才而不得志之人，入木三分。于是，就决意亲自去拜请范蠡。

范蠡得知文种来访，但不知文种是猎奇而至，还是诚心实意相访。所以，当文种驱车到来时，他就避而不见。然而，礼贤下士的文种却不肯罢休，又多次去见范蠡，可范蠡总是躲避不见。相传有一次文种到范蠡家时，突然从墙下狗洞里伸出一人的头来，对着来人学狗狂叫。文种看此人身上披挂着破烂衣衫，头发蓬乱，满脸污垢，立刻明白了，此人正是多次寻而不见的范蠡。随从官员看到这个疯癫之人如此模样，即上前阻挡。文种对随员说："家中狗叫，知有来人。我今一路访求贤人到此，就发现此地有圣人之气。果然，我看到了。学狗叫的人，必定在向别人表明他是人。我想，他就是圣人。"这番话是说给范蠡听的，可范蠡仍不予理会。

又一天，范蠡突然对兄嫂说："今必有贵客来，请借给我一套整齐的衣帽，我要迎接客人。"不多时，文种果然叩响了范蠡的家门。大门打开，文种一见范蠡今日之模样，明白了一切。两人一见如故，挽手进屋，拊掌开谈，纵论天下之势，高谈富国强兵之道。二人越谈越投心，见解相同，观点无异，大有相见恨晚、相识恨迟之感。

文种和范蠡深刻分析了各诸侯国争霸的形势。地处苏州一带的吴国，在晋国的扶植和支持下崛起，打败了春秋时代的强楚。地处浙江一带的越国，感到了吴国的威胁，急需大国的支持。楚国为了与吴国抗衡，就怂恿吴国的近邻越国攻打吴国。于是，越与楚志同道合，建立了新的越楚"战略联盟"。文种、范蠡在纵论吴越争霸形势中有了共识。他们认为楚国已出现江河日下之势，不宜在此谋事。范蠡很有见地，他分析说："天机命运千年轮回一次，天命不可违。我夜观天象，方知今的霸王之气在东南方向，我们应向东南方去谋求大事。"文种听了范蠡的话，认为很有道理。于是二人商议，决意"孔雀东南飞"。东南有吴国和越国，是去吴还是投越，二人又作了一番分析：认为楚国日衰，连它的栋梁之将伍子胥也投奔了吴国，一到吴国便被重用，而且声名显赫。在此形势下，如果投奔吴国，必被伍子胥压制，没有抬头之日。而越国有强晋的支持，图强富国，到那里必被重用。

经过一番分析论证，志同道合的文种和范蠡双双"飞"向东南，到了越国。这两位贤才谋士在越国成就了一番事业，书写出春秋末年那段流传千古、脍炙人口的精彩华章。

2. 吴越战

越国是中国历史上春秋时的诸侯国，位于中国东南方。越为姒姓国，《吴越春秋》记载，大禹巡行天下后，回到大越，登上茅山朝见四方诸侯，封有功，爵有德，死后就葬在这里。至夏朝少康，封自己的庶子于越，号"无余"，无余是越国始祖。贺循《会稽记》说："少康，其少子号曰于越，越国之称始此。"越国建立后，建都会稽（今浙江省绍兴）。越国一直保持着比较落后的生活习俗，很少与中原地区发生联系。直至允常时，才与吴国发生了矛盾，并相互攻伐。春秋末年，越国逐渐强大，国王勾践经常与吴国对抗。公元前494年，越国败于吴国，向吴国臣服。

吴国，周朝时的一个诸侯国，姬姓。周朝先祖古公亶父，有长子太伯，次子仲雍和小儿子季历。季历的儿子昌聪明早慧，深受大王喜爱。古公亶父宠爱季历的儿子昌，想把王位传给昌，却有悖于传位于长子的礼制，因此古公亶父心事重重而郁郁寡欢。长子太伯体谅父亲，就和二弟仲雍商议，不能让父亲为难，于是借口给父采药一起逃到荒凉的江南，利用中原地区带来的先进文化和技术自创基业，建立了

“勾吴”古国。商灭周兴后，周武王封太伯第三世孙周章为侯，遂改国号为吴。公元前514年，吴王阖闾即位，励精图治，富国强兵。公元前511年，吴国首次击败了强大的楚国。公元前506年，再次击败楚军，攻破楚都郢。楚国复国后，利用吴国南面的越国对吴国进行牵制，从此，吴、越展开了长期的战争。周敬王二十六年（公元前494年），吴、越夫椒（今太湖中之西洞庭山，一说今浙江绍兴北）一战，越国惨败几近亡国，屈从于吴国而称臣，年年进贡。

越王勾践即位后，力量逐渐强盛，便不甘心屈于吴国。这时吴国夫差也在积极备战，准备大举进犯越国。越王勾践求战心急、求胜心切，决心先发制人，即召集群臣商议北上破吴。范蠡力劝勾践不可轻举妄动。他详细分析了敌我形势，认为吴国当前实力雄厚，士气高昂，不能出击硬拼，应该坚固城防，以逸待劳，等待时机。但勾践不听，调动全国精兵3万，北上攻吴。结果夫椒一战，越军惨败，退守会稽山，被吴军包围。勾践身陷绝境，在走投无路之中才幡然悔悟，他对范蠡说：“我不听先生之言，故有此患。眼下危局如何收拾？”范蠡分析道：“持满而不溢，则与天同道，上天是会保佑的；地能万物，人应该节用，才会受到之赐。”范蠡又指出：“为今之计，只有卑辞厚礼，贿赂吴国君臣；倘若不许，可屈身以事吴王，徐图转机，这是危难之时不得已之计。”勾践听从了范蠡之计，派文种大夫往吴国议和。但是吴王骨鲠大臣伍子胥极力阻挠。勾践大怒，要拼死再战。范蠡和文种极力劝阻，冷静分析一致认为吴王夫差好美色，权臣太宰相伯贪钱财，可选美女、备宝器买通相伯，转献吴王。勾践依计而行，马上派文种再赴吴议和。

吴王夫差是难过“美人关”的国君。他不听伍子胥的谏阻，终于和越国讲和，罢兵而去。越王勾践返回都城后，决定屈身于吴国，甘作人质。同时安排范蠡主持国政，积极备战。范蠡不愿站到前台亮相，就说：“对于甲兵之事文种不如臣，而镇抚国家、亲附百姓则臣不如文种。故臣愿随大王同赴吴国。”于是勾践把国政托于文种，收拾库藏宝物，带上300余名美女，偕妻子带范蠡，投奔吴国作奴。

勾践向夫差献上美女和宝物，低声下气的奴相，果然取得夫差的信任。在吴期间，勾践和范蠡苦役于马厩之间，密谋于石室之中。虽在穷厄之地，但不失君臣之礼。一次夫差召见勾践，勾践伏于前，范蠡则立于后，夫差对范蠡说：“寡人闻贞妇不嫁破亡之家，仁贤不官绝天之国。今越王无道，国已将亡，社稷崩坏，身死世绝，为天下笑。你与主在吴都沦为奴仆，不感到耻辱吗？我今赦免了你的罪，改过自新，弃越归吴吧。”范蠡说：“亡国之臣不敢谈政，败军之将不敢言勇。今君臣俱降，蒙大王鸿恩，愿君臣相保。”他不听劝降，仍无怨无悔地和勾践一同为奴，苦等时机。两年后，夫差完全放弃了警惕之心，把勾践当成了真正的亡国之君，于是便赦免他们回国。回国之后，范蠡建议越王勾践缓刑薄罚，

插图2-2.1 越王勾践剑

越王勾践剑，1965年出土，剑通高55.7厘米，宽4.6厘米，柄长8.4厘米，重875克。剑上有“越王勾践，自作用剑”八个字，透露出勾践“卧薪尝胆”的决心。

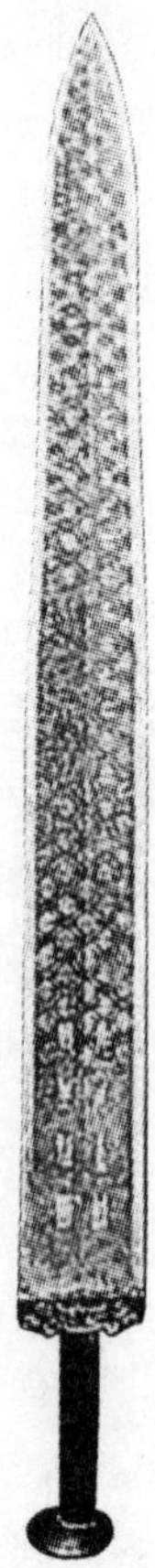

插图2-2.2 吴王夫差剑

吴王夫差剑，外形似牛脊，下端为鱼尾形，形制精美，通体有朱字格暗纹，是一件铁制兵器。

节俭赋敛，充实府库，开荒种田，发展生产，富国强兵。此时的越国，文种主持国政，范蠡治理军旅，勾践自己更是苦身劳心，发奋图强，不用床褥，积薪而卧。将苦胆悬于坐卧之处，饮食起居，必先取而尝之。勾践以此提醒自己不要忘记亡国作奴之耻，不能丧失报仇复国的决心。他更加尊贤礼士，敬老恤贫，奖励生育，积聚财物，演练士卒，缮甲厉兵。他与百姓同耕，让夫人织布裁衣，食不加肉，衣不饰彩，与民同甘共苦。对吴王夫差，范蠡也从另一方面积极备战，表面上继续极尽奴颜之事，他亲自到民间选了美女西施、郑旦，派香车送给爱美女胜过爱江山的夫差玩乐。与此同时千方百计地引诱夫差大兴土木，建造楼阁，使之沉湎于酒色犬马之中。在政治、外交上加紧活动，暗中亲楚结齐附晋，最大限度地孤立了吴国。

越国在密谋中逐渐强大，吴国在沉迷中逐渐削弱。吴王夫差迷酒色，信谗言，杀忠臣，朝政腐败昏暗。范蠡认为时机已到，毅然率兵向吴国发起进攻，先后出兵两次，最后将吴兵围困于笠泽（今太湖附近），围而不歼竟达 3 年之久。疲惫不堪又无后援的吴军不战自败，吴王夫差蒙辱自杀。越王勾践终于实现了报仇雪恨复国的心愿。

3. 入商道

范蠡助越复国，功高盖世。在越王勾践论功行赏的时候，细心的范蠡察言观色，勾践的表现引起了他的深思。勾践如今雪耻复国，如愿以偿，却把功劳归于自己，猜疑嫉妒之心已见端倪。大名之下难以久居，最终必落得伴君如伴虎的结局。于是他决计急流勇退，弃官而去。

在一个月色朦胧的昏暗夜晚，范蠡带着家人悄然离开了越国，远走他乡。范蠡走时想到了有知遇之恩又风雨同舟的同僚文种，留书一封劝说道："狡兔死走狗烹，飞鸟尽良弓藏。越王长颈鸟喙，可与共患难，不可与共荣，先生何不出退？"可惜文种梦醒已晚，终被勾践以图谋作乱之罪杀害。历史又一次肯定了范蠡的远见卓识。

范蠡离开越国，传说他与西施一起驾扁舟，泛东海，浪迹天涯，隐于江湖。后来，他辗转到了齐国，改名易姓，自号"鸱夷子皮"，带领儿子和门徒在海边结庐而居，与家人开荒耕田，种植粮食蔬菜，饲养猪羊鸡鸭。他的生活又翻开了新的一页。

范蠡初入经商之道时，本小利微，难以发展。在困惑中，他做了"市场调研"，了解到南北市场的情况，知道了南方吴越一带非常需求好马。于是他决定往南方贩运马匹。大计已定，他又认真分析了形势：在北方收购良马并非难事，如果运到吴越之地，出手卖掉也不难。然而，这买和卖中间最大的难事是中间的运马环节。因为当时正值诸侯连年争雄打仗，兵荒马乱，沿途多有强盗。为了安全顺利运马，他又做了细心的社会调查。通过调查，范蠡了解到当地有一个巨商叫姜子盾。此人经常把北方的麻布运到吴越一带贩卖，发了大财。那么，姜子盾是如何解决货物运送问题的呢？原来姜子盾的势力很强，他早已用金银买通了沿途的强人，所以每次运送货物他总是畅行无阻。

范蠡摸准了姜子盾的情况，打定主意想办法和他联手。于是范蠡写了一张榜文张贴在城门口。这事很快惊动了姜子盾，他便主动找上门来。原来范蠡写的是自己组织了一个马队，开业酬宾，可免费帮人往吴越一带运送货物。这种既能节省运费，又能赚钱的好事，姜子盾当然不会放过；而范蠡想的是要借助姜子盾的势力运马到吴越赚大钱，二人一拍即合。二人经商赚钱的目的相同，但思路和手段不同。这样范蠡带着自己要贩卖的马匹，驮着姜子盾要贩卖的货物，一路畅通，马匹和货物都安全到达目的地。姜子盾卖货赚了钱，范蠡卖马也赚了一大笔钱，二人皆大欢喜。范蠡的这种经商方式应该说是一种高级的商业形态，把分散的个体经营互相勾连，形成一条完整的“价值链”，达到互补互利协同竞争。当然，这必须以诚信为基石。

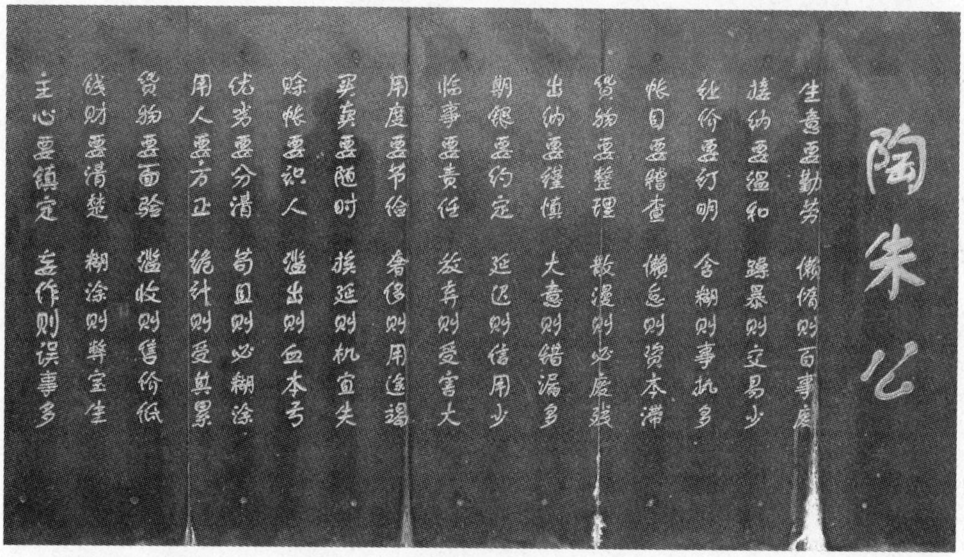

插图 2-3 范蠡的生意经

范蠡从一个有作为的政治家变为巨贾，再以致富有术成名于天下，成为春秋时期经商致富最成功的人物。范蠡辅佐勾践灭吴后，功大位尊，但他功成身退。他淡泊名利，最终却名利双收。据司马迁《史记·货殖列传》记载，范蠡“富好行其德”，用经商所得救济贫困的人，年老后渐不问事，子孙继其志亦颇有作为，家业仍然兴旺不衰，家产累至“巨万”。

范蠡善于把战场上的战略、战术巧妙地运用在商业经营中。他把市场的需要作为自己经营的目的，以此来参与市场的竞争。商场即战场，正因为他看准了市场供求，在竞争中胜人一筹，并获得丰厚的回报，而且得到发展。范蠡在经营中就如在战场上指挥打仗，把握天时变动的规律，满足市场需求。他的经营思想，总是高人一筹。讲求节令，超前预测，捕捉机遇。他资则别人所不资，有则别人所没有，很快成了巨富。

范蠡种粮种菜，饲养家畜，农闲经商，治家有方，善于经营，几年之后就积累了数千万家产。他仗义疏财，施善乡梓，受到人们的称赞，一时名声大振。齐王得悉后，非常赏识其才华，把他请进了国都临淄，拜为主持政务的相国。他在这个相位上做了三年，喟然感叹：“居家拥千金之产，居官则卿相之位。长久处尊贵地位，非吉祥之兆。”于是，他向齐王归还了相印，把田产财物分给乡亲，散尽家财，带着家人，一身布衣，悄悄离开齐都临淄。他再次急流勇退了。

范蠡一家向西迁移，到了陶地（今山东省定陶县）隐居下来。陶地东邻齐、鲁，西接秦、郑，北通晋、燕，南连楚、越，实为“诸侯四通”“天下之中”之地。范蠡独具慧眼地发现，陶地是经商的理想之地。一番观察盘算，审时度势，毅然走进商人行列。他的大智大谋在商场上得到了发挥。他根据时节、气候、民情、风俗的变化与流动，抓住时机转运货物。“人弃我取，人取我与”，顺其自然，待时而动。他经商有方，积财成富，很快又成了有名的大富翁。他自称“陶朱公”，名扬天下，但无人知晓他就是当年越国著名的政治家、军事家范蠡。

范蠡在经商中总结出许多经营理念。他认为做生意要“择地兴市”，根据这个原则，选了陶地作为自己经商的“根据地”。他主张经商货物价格要合理，要使农与商都有利可取，双赢是他经营的成功之道。他还主张售货应以薄利为手段，从而达到多售以营利的目的。他还主张“旱则资舟，水则资车，以待乏也”。也就是说，商人在经商活动中，一切都要事先筹谋，有备无患。最重要的是，他信奉“务完物，无息币。以物相贸易，腐败而食之货勿留，无敢居贵”。“无息币”，是对商业活动最智慧的认识，不要囤积物资，不要阻塞流通，“财币欲其行如流水”，货物只有在流通中才能增值。“务完物”，则是对商业道德的肯定，商品要保证质量，不要囤积居奇，更不能把腐败的食物投入市场。范蠡认为，经商获利是应该的，但要取之有道，取之有度。他对一味求利求富者告诫说：“人为财走，鸟为食飞，财也，食也，人之需也。不醉也，不可弃也，正心求也，不可贵也，邪念追也，不可学也。”

司马迁在《史记》中这样评价他：“十九年之中三致千金，再分散与贫交疏昆弟，此所谓富好行其德者也。后年衰老而听子孙，子孙修业而息之，遂至巨万。故言富者皆称陶朱公。”范蠡，为富大仁，19年的经商，三次致富，富甲一方，但三次掷千金之财，分送给周围百姓，他是“富行其德”的典范。

4. 通　才

范蠡是个通才，他一辈子走了三个地方，换了三个身份，做了三种职业。谋政治、搞实业、做商业无所不能，做则即赢。而他弃政从商，深悟经商之道，成为商人的鼻祖。

范蠡经营的大宗商品是粮食。自古以来中国就是农业大国，粮食是市场上最主要的商品。但农业有很强的季节性，极大地影响了粮食市场的价格变化。季节和气候变化是有规律的，粮食价格也是有规律的。所谓“六岁穰、六岁旱，十二年一大饥”，丰年和灾年大致是轮换交错的。这个规律范蠡熟练地掌握了。粮食不会年年丰收，在丰年他就大胆收进，农业歉收粮价上涨，他又抛售。

范蠡富有经商的头脑，总结出了“一贵一贱，极而复反”的规律。根据市场供求关系，判断价格的涨落。价格涨落有个极限，价格上涨时，就会有更多的产品供应市场，这就为价格下跌创造了条件，贵到极点后，价格就会下落；相反，如果价格太低，会打击农民种粮的积极性，市场的货物少了，又为价格上涨创造了条件，贱到极点，价格又会涨上来。范蠡根据这个市场规律，提出一套“积贮之理”。他说“贱取如珠玉”，即像重视珠玉那样重视降价的物品，尽量买进存贮起来。等到涨价之后，就尽量卖出；“贵出如粪土”，即像抛弃粪土那样毫不可惜地抛出。范蠡的这个理论，对自己，富了自己；对市场，平抑了物价；对农民，避免丰年谷贱伤农，荒年民不聊生，为历朝历代提供了宝贵的经验。

在两千多年前，范蠡就认识到“贵上极则反贱，贱下极则反贵”的供求规律，实在是了不起。他的“劝农桑，务积谷”“农末兼营”“务完物、无息币”“平粜各物，关市不乏，治国之道”“夏则资皮、冬则资絺、旱则资舟、水则资车，以待乏”

等经济理念，至今对现代的经济建设仍有积极的现实意义。

“人取我予”，把握行情成为范蠡商业经营的经典。了解市场上多方面、多层次的需求，把握时令、季节与市场需求的密切关系，以满足人们生活与生产所需，就能立于不败之地。范蠡曾在漕湖（今安徽省巢湖）做生意，根据季节、时令进货与售货，取得成功。夏天，漕湖一带竹子上市，范蠡收购竹子，长长短短、粗粗细细的都要。粗的做成铁搭柄，细的削薄做扫帚；秋天，漕湖一带的芦苇上市，范蠡买芦苇，长长短短、粗粗细细的都买。芦花扎成既漂亮又柔软的扫帚，芦秆编成芦帘，捡粗的压扁织成芦苇席；冬天，漕湖一带的农民为了过年有足够的烧柴，又砍树又整枝，范蠡专买货劣价低的树桩，大大小小，奇形怪状的都要。把小的树桩做成木榫，大的做成砧板，长的做成棒槌。量材使用，物尽其得，满足了一年四季市场上的需要。

有一年农历四月十三日立夏，范蠡带一船货到无锡出售。一天，来了一个妇女要买扫帚，来到就挑拣起来，她泼辣地说：“扫帚卖不卖？”范蠡和气地说：“你要不要？”她有点火了：“买不买由我！”范蠡仍和颜悦色地说：“卖不卖由我。”附近百姓听见争吵声，都跑来围观。范蠡拱手对大家说：“诸位乡亲，这位婶婶家境清寒，屋内泥地，买这华而不实的芦花帚不合用。”这番话说得大家点头称是。妇女听说不合适，扭头就走，范蠡又叫住了她。那妇女不快地问：“还有什么事？”范蠡说：“你还没买东西。”她说：“不买了！”范蠡说：“你现在不买，等会儿也要来买。”她真的火了，说：“买不买由我！”范蠡仍心平气和地说：“卖不卖由我。”围观的众人纷纷指责范蠡的不是。范蠡对大家拱手说：“各位乡亲，我方才看见她丈夫上工路上，手拿的铁搭柄已坏了，木榫已碎，我这儿有货，正是她需要的货。”众人点头称是。范蠡对她说：“刚才我没向你讲明白，望婶婶勿见怪。”她的怒气顿时烟消云散，买了铁搭柄和木榫回家。

插图 2-4.1 范蠡祠的匾额

一国重臣，功成名就之后急流勇退，见机行事，巧妙脱身，一袭白衣，潇洒自在；下海经商顺其自然、待机而动。三次经商成巨富，独据一方，又三散家财，退回原点。进退行藏皆有宜。这块匾上“来矣去矣”四个字，是对范蠡能上能下、进退自如完美人生的精辟评价。

范蠡售货不只供人所需，还知人所需。范蠡经商“未卜先知”的消息像长了翅膀，传遍了大街小巷。人们争先恐后地去拜访他，可范蠡又淡出人们的视线。

插图 2-4.2 范蠡故乡淅川县出土的王子午鼎

范蠡故乡河南淅县为春秋时楚国的始都，20 世纪 70 年代曾在此地楚墓中出土一套 7 件列鼎，最大的为“王子午鼎”。王子午，字子庚，即“问鼎中原”的春秋霸主楚庄王第五子，曾任楚国令伊（宰相）。王子午鼎通高 76 厘米，侈口、束腰、鼓腹、平底、三蹄形足，口沿上有两个外侈的长方形耳，旁边攀附 6 条龙形兽，腹部绘满浮雕的攀龙和窃曲、弦纹。造型呈现平底束腰形的典型楚风。内腹与盖内均饰有铭文。器内壁及底部有铭文 14 行 84 字。铭文表示了对先祖的追思，叙说王子午自己施德政于民的业绩，并定为教育子孙的准则。

范蠡的经商之道，历来被人们所称道。在范蠡的故里淅川县城有一座山，“范蠡公园”依山势而建。进东大门，沿着几十级台阶而上，广场上有一尊汉白玉范蠡塑像，范蠡脚下的基座为黑色，左右两面书范蠡的经营之道。

其一为《理财致富十二戒》：

勿卑陋，应纳无文，交关不至。
勿优柔，胸无果敢，经营不振。
勿虚华，用度无节，破财之端。
勿强辩，暴以待人，祸患难免。
勿懒惰，取讨不力，账目无有。
勿轻出，货物轻出，血本必亏。
勿争趋，货重争趋，须防跌价。
勿昧时，依时贮发，各有常道。
勿固执，拘执不通，便成枯木。
勿贪赊，贪赊多估，承卖莫结。
勿薄蓄，货贱贮积，恢复必速。
勿痴货，优劣不分，贻害匪浅。

其二为《理财致富十二则》：

能识人，知人善恶，账目不负。
能接纳，礼文相待，交关者误。
能安业，厌故喜新，商界大病。
能整顿，货物齐整，夺人心目。
能敏捷，犹豫不决，终归无成。
能讨账，勤谨不怠，取讨自多。

能用人，因才气使，任事有赖。
能辨论，生财有道，阐发愚蒙。
能辨货，置货不苟，蚀本边轻。
能知机，售贮随时，可称明哲。
能倡率，躬行以律，亲感自生。
能远数，多寡宽紧，酌中而行。

范蠡写过一部《计然篇》，是一本相当实用的励志加经营管理的书；写过一本《养鱼经》，是一本渔业科普读物；还写过兵书。他生于中原，虽没有在中原历史上留下重笔，但中原人却把他当神一样崇拜，做官的学他高深的谋略，搞实业的学他致富的经验，做买卖的奉他为商圣。

5. 恋　情

范蠡的故里淅川县城有一座山，依山建有范蠡公园，在山头上有一巨大的汉白玉女塑像，那就是中国古代四大美女之一西施的塑像。唐代诗人李白以浪漫的笔调写了一首《咏苎萝山》，描绘了西施的美艳，概述了她一段精彩的人生经历。李白的诗是这样写的：

西施越溪女，出自苎萝山。
秀色掩古今，荷花羞玉颜。
浣纱弄碧水，自与清波闲。
皓齿信难开，沉吟碧云间。
勾践徵绝艳，扬蛾入吴关。
提携馆娃宫，杳渺讵可攀。
一破夫差国，千秋竟不还。

插图 2-5.1 西施塑像

国难当头，忍辱负重，以身许国，为越王勾践东山再起起到了掩护的作用。越兴吴灭后，与范蠡泛舟五湖，不知所终。一直受到后人的怀念。

西施塑像通体洁白似玉，面部丰润，五官端正，左手舒展于右腿上，右手抚在坐垫上。虽是端坐其上，但其高挑峻拔的身材依然可见。两眼仰而远眺，充溢着企盼和向往，透出淡淡的无奈与忧愁；高高的鼻下嘴唇紧闭，似有话语难以启唇，却在不言中。

西施，越国苎萝（今浙江诸暨南）浣纱村人，名夷光，又名西施，生于樵夫之家。她天生丽质，粉面桃花，美艳过人。李白赞美她有羞花的秀色，而人们又给她冠以“沉鱼”之名。传说，有一次西施在村头河中浣纱，碧绿的河水映照出她俊俏的身影，容貌也更加艳丽动人。这时水中有鱼游到此看到这样的绝色美女，竟忘记了游动，慢慢地沉到水底。从此，人们说西施有沉鱼之容，就称西施为“沉鱼”。

西施本是一个平常小村的平凡女子，而吴、越的政治斗争把她卷了进去，使她写进了历史，且流传千古。

范蠡为勾践复国出谋划策，在勾践忍辱负重“卧薪尝胆”的关键时刻，范蠡又施一计。为了迷惑吴王夫差，诱使夫差荒淫无度，慵理国事，削弱其国力，就送美女到吴国，献给夫差，因此浣纱女西施被范蠡选中。据传，范蠡一见到西施，也被她的美貌所吸引而动了真情，西施见到范蠡也钟情于他。然而，范蠡不为感情所困，为了大计还是把西施送给吴王夫差；而西施也为实施范蠡的救国之谋而义无反顾地前往吴国。

吴王夫差得到西施，就被她天仙般的美貌迷住了，对她宠爱备至，百依百顺，言听计从。西施做了一个实实在在的“卧底”，诱使夫差沉迷酒色，大造宫室，离间君臣。总之，西施做了政治手腕和军事武力无法施展的大事，而且大功告成。

大功告成之后，西施的命运却成了千古之谜。一种说法是灭吴之后，西施无颜于范蠡，投湖自尽了。又一种说法是，西施计成后回到家，但家乡的官员因她与“亡国”二字相连，对国家忌讳，被投入江中。第三种传说最符合中国百姓善良美好的心愿，说越国灭掉吴国之后，范蠡把西施接走，在江苏宜兴住过，有人看到他们在水上泛舟。正因为善良的中国百姓最希望完美的结局，所以自古以来，在西施家乡留下许多遗迹来纪念她。

范蠡忠以保国，明以弃官，商以致富，德以散才。而他与美女西施的恋情，虽然是传说，但为他传奇的人生、沉浮自如的历程，增色添艳，摇曳多姿，这是人民美好的理想。

据说，公元前448年，范蠡卒，时年88岁，葬在齐国陶地（今山东省定陶县西北）。

插图 2-5.2 西施画像立轴（明唐寅）

唐寅，明代著名画家、文学家。南直隶苏州吴县（1995年撤销）人，“吴中四才子”之一。在画史上又与沈周、文徵明、仇英合称“明四家”“吴门四家”。唐寅擅山水、人物、花鸟。他的人物画多为仕女及历史故事，师承唐代传统，线条清细，色彩艳丽清雅，体态优美，造型准确；也工写意人物画，笔简意赅，饶有意趣。此幅西施图，刻画了西施温婉娇弱、文静恬适的相貌。她面型饱满，细眉媚眼，身材纤细，是唐寅笔下典型的仕女艺术形象，体现了画家简逸高雅的画风。

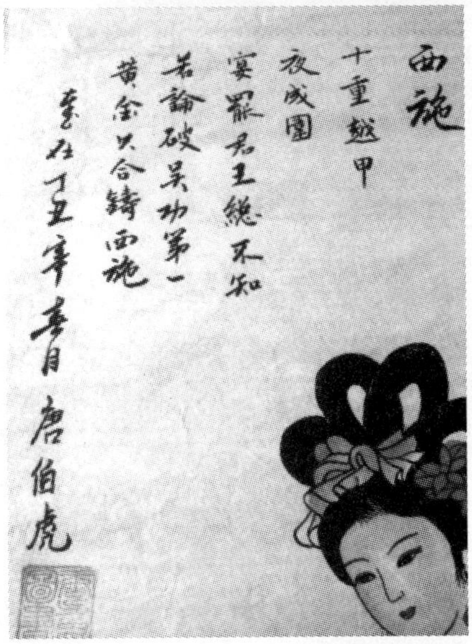

插图 2-5.3 西施画像立轴（局部）

智圣鬼谷子

第三章

圣贤

第三章 智圣鬼谷子

三

智圣鬼谷子

1. 猴读天书

鬼谷子不知从哪里来，亦不知到哪里去，历史的记载、民间的传说，都表明他“足不出山”，最后归宿于山。他在山中修身养性，传授纵横之术，著《鬼谷子》一书，志匡天下，培养了一批足以书写和影响战国历史的人才，演绎出一个旷世奇人的人生历程。鬼谷子居留的这座山叫云梦山。

云梦山，又名青岩山，位于河南省鹤壁市淇县西南15公里处。云梦山属太行山脉，主峰海拔577米。峰峦叠嶂，鬼斧神工，山岚雾霭，云蒸霞蔚，气象万千，飞瀑流溪，素有“青岩表仙境之胜”的美誉。历代许多文人墨士登山览胜，留下了美诗华章、摩崖题记和碑刻。

云梦山所在的淇县历史悠久、文化灿烂，县名来自境内一条风光旖旎的河流叫淇河。淇县古称沫邑，商代末年，商王武乙、帝乙、帝辛等先后在此城建都。其中历史名声最大的当数帝辛，他就是有名的殷纣王，出名缘于他的残暴，他把“沫邑”改为“朝歌”。纣王虽然历史上的名声不好，朝歌城在他的统治下却成为中国乃至世界上最早的繁华都市之一。到西周时代，周成王封康叔于朝歌，在此建立了卫国，

插图3-1.1 云梦山

云梦山，古称青岩山，相传春秋战国纵横家始祖鬼谷子隐居于此，著《鬼谷子》书三卷流传于世，并招收张仪、苏秦、孙膑、庞涓、毛遂等人为弟子，传授纵横外交法理和孙子兵法。古往今来，许多文人墨客沓至观赏，留下了大量摩崖石刻，具有较高的书法艺术价值。

长达403年。据史书记载，鬼谷子是战国时代的卫国人。他本姓王，名禅，又名王诩，出生于淇县城外的王庄王员外家。“鬼谷子”是他的号，出自于他的隐居之地。

鬼谷子是中国历史上最具奇幻色彩的神秘人物。史书上对他的记述零零散散，语焉无定；民间对他的传说奇幻莫测、虚实难辨。纵观几千年的先后记载，史书上认定他是纵横家，传说中说他是兵家，笔记中称他是仙家，众百姓则相信他是命相家，众说纷纭，总之他是一位带上神秘光环的历史人物。

插图 3-1.2 鬼谷子画像（清人绘）

鬼谷子，姓王名诩，战国时代卫国（今河南鹤壁市淇县）人，善纵横术，精通兵法、武术、奇门八卦。民间称其为王禅老祖，为中国春秋战国史上的“诸子百家”中的纵横家，也是位卓有成就的教育家。鬼谷子曾任楚国宰相，后归隐云梦山修道收徒授业，因隐居清溪鬼谷，故世称“鬼谷子先生”。著有《鬼谷子》兵书十四篇传世。

鬼谷子隐居在云梦山深处的五里井，这是一条绵延五里的山谷。山谷里鳌背峙峰，气势磅礴，峰回路转，幽深莫测，阴风习习，幽气森森，难怪人称之“鬼谷”。历代志书、碑刻中对这条山谷都有记载。然而，除了给人阴森的“鬼气”之感外，其实还是个让人流连的美景胜地。清溪蜿蜒穿谷流过，溪水清澈晶莹，绵延水湍。时而细流涓涓，叮咚作响；时而潜入地下，水声潺潺。水遇峭石，波浪层层，涛声贯耳。两岸峰峦峙立，峰高天窄。春夏之季，郁郁葱葱，野卉芬芳，蝉鸣蝶舞，山泉瀑布，遍山争流。秋风送爽，天高云淡，山色俊俏，野花竞开，山榆簇簇，红叶片片。沿鬼谷信步徜徉，看一线飞瀑，览名人摩崖题记，观无字天书，望摩崖壁变幻莫测，令人心旷，更感中华文化之丰厚。

鬼谷中段峰峦叠翠，灌木簇簇，千仞之上，一股细流飞泻直下，犹如半空中悬挂的一条纤细银带，闪闪发光。人们形象地称它为“一线飞瀑布”。特别在雨后天晴之时，在谷底观瀑，纤纤柔柔，温和喜人，似乎比平日又增添了几分柔情，恰似一幅山水画卷。飞瀑跌落，水从孙膑石棺上漫过，再形成东西10米宽的滴水檐，串串晶莹的水珠，从两米高的小崖上滴入清溪之中，叮咚作响，十分悦耳。夏季，在崖下淋浴，虽然名为“瀑”，但那纤纤细流，给人的感觉是温柔、爽心、舒畅。

一线飞瀑之西不远，有一方壁立千仞的自然悬崖，面积近千平方米，叫“天书崖”。远看上面似有字迹，犹如一方大型摩崖题记；近看字迹全无，被厚厚的墨迹盖得严严实实，世称“无字天书”。正因为它是“天书”，故引得无数骚人墨客纷至沓来，探访揣摩；正因为它的“无字”，才使探访者抱着浓厚的兴趣，总想破解其神秘，可结果都是徒劳。

相传，天书崖上的“天书”是指鬼谷子的传世之作《鬼谷子》十四篇。这部天书，是鬼谷子当年投奔太宝山华元真人门下学艺时，华元真人授予他的。此书洋洋洒洒含纳了三略、六韬、政治、经济、文化、地理、星辰、经纬、饮食、导引等方面的内容，是一部奇妙的智慧全书。鬼谷子得书之后，花费一生心血，刻在书简上，藏于阁楼内。

鬼谷子藏“天书”的消息传扬出去之后，天下许多求学者闻风而至，络绎不绝，要求一睹为快。鬼谷子并不保守，虽藏有宝书，但来者不拒，来即赏读。但来阅读的人日渐增多，翻读非常不方便。鬼谷子为了让更多的人读到此书，他选中了这方壁立的巨石，施以法术，将“天书”一字不漏地刻在石崖上。并且还做了保护性的特殊处理，将文字刻成阴性“金文”，在阳光下看不到字，只有在月光或灯光下，那缕缕金文才会放射出金光，清晰可见。这虽然为更多的人阅读提供了方便，但又带来了不方便，许多前来探访的求学者以及鬼谷子的学生只能挨到有月光的夜晚才可读到，或借着灯光苦吟天书。可是为什么石崖天书会被厚厚的墨迹严严实实遮盖起来呢？民间有一个传说做了解释，这个故事叫“墨泼天书崖”。

云梦山上有一只修行千年的白猿猴，常常在云梦山桃园赏景玩耍。一天，夜深人静，白猿猴又攀上了云梦山，一路往桃园奔去。白猿猴来到五里鬼谷，蹦蹦跳跳玩得开心，突然，眼前道道金光闪耀。定睛一看，金光从一石崖上射出。它十分惊奇，上前一看，是一行行美妙的文字，这引起白猿猴的好奇。它沿壁攀上石崖，细细领读，还不由轻声吟诵。此时，在水帘洞的鬼谷子感到了异常，掐指而算，忙唤来学生孙膑和庞涓，说：“白猿猴正偷读天书，日后必遭不测之变，你们速去用神墨匿盖。”二人赶到天书崖，立即把神墨泼向石崖。顿时，石崖上布满斑斑墨迹，字体模糊了。为保天书的安全，后人将天书从藏书阁移到鬼谷祠内珍藏起来。

2. 出生传说

2000 多年前，河北临漳王家庄有一王员外，他的夫人有喜却三年未分娩，员外心生疑虑。初春的一个深夜突然狂风骤起，电闪雷鸣，大雨倾盆。蓦地从空中飞来一个火球，直飞王员外家，冲到王夫人床前。这火球在床前转了三圈，反过来又绕三圈，而后变为一条小花蛇，慢悠悠钻入王夫人的被窝里，接着传出婴儿呱呱的啼哭声。王夫人终于分娩了。家人忙上前看，这个婴儿红发面丑，竟然是个女婴。王员外长叹一声，转身而去。王夫人见老爷如此不快，暗自流泪。

还没来得及多想，那小女婴突然坐起，拉着王夫人的手轻声细语地说：“妈

插图 3-2.1 鬼谷子雕像

鬼谷子，姓王名诩，春秋战国“诸子百家”之一，既有政治家的六韬三略，又擅长外交家的纵横之术，更兼有阴阳家的祖宗衣钵、预言家的江湖神算，所以世人称鬼谷子是一位奇才、全才。常于云梦山采药修道，隐居清溪鬼谷，故称“鬼谷子”。著有《鬼谷子》兵书十四篇传世。其弟子苏秦与张仪、孙膑与庞涓等均为历史上有影响的人物。

妈，不要难过，我能变得漂亮。”小女婴说完，一头倒下断了气。王夫人吓呆了，全家人一片慌乱，王夫人大声喊叫：“儿呀，快醒醒！娘不嫌你长得丑。”哭了一夜，喊了一夜，全家折腾了一夜。天明时分，小女婴哇的一声醒了过来。王夫人大喜，一看怀中孩子，更是喜从天降，小女孩满头黑发，唇红齿白，美丽可爱。王夫人忙让丫鬟请来老爷。王员外一见大吃一惊，心中按捺不住地高兴，认为这是大福大贵的好兆头。夫人三年有孕不产，火球助催，紫气东来，丑女变美，王家的好运气来了。他越想越高兴，对着女儿越看越疼爱。他轻轻走到床前说：“夫人，晨曦吉辰，迎霞聚瑞，我看女儿必有大福大贵，取名叫霞瑞吧！”

霞瑞长到 18 岁，身居闺房，学习针红，读文作诗。但性格倔强，心直口快，对父母不是百依百顺。她日渐厌烦闺房生活，常由丫鬟小云陪同到花园玩耍。有时还背着父母到田间去查问农桑。

一年，朝歌一带大旱，河溪断流，水井干枯，大地龟裂，颗粒无收。王员外家一块三顷地的谷苗枯死，奇怪的是有一棵禾苗长势茂盛，谷杆粗壮，谷穗饱满如狼尾，金灿灿散发出诱人的香味。霞瑞姑娘听说自家地里长了这棵奇谷，便让家奴收来放到绣楼，顿时闺房香气四溢，令人陶醉。姑娘吩咐丫鬟：“如此好的谷子，好好保存，来年多种一些。”丫鬟把谷穗放在手中一揉搓，一粒谷子脱壳而出，熠熠透明如珠。姑娘接过谷粒，想闻闻香味，刚靠近鼻边，谷粒像飞似的钻进口中，急欲吐出，又滑进喉咙。霞瑞咽下谷粒，顿觉腹内舒畅，筋骨酥软，浑身乏困，一头倒下就入睡了。

一个月之后，姑娘不思茶饭，身体虚弱消瘦。丫鬟很担心，急忙告诉了夫人，王夫人立即请名医诊治。可连吃两个月草药仍不见效，而女儿的肚子却一天天大起来。王员外得知消息，如五雷轰顶，怒气冲天，对着夫人呵斥：“你养的好女儿，伤风败俗，我王家如何见人？”夫人说：“老爷息怒，快想个两全之策，家丑不可外扬。”

插图 3-2.2 鬼谷下山图（青花瓷罐）

《鬼谷下山》元青花大罐是元青花人物故事瓷，瓷罐素底宽圈足，直口短颈，唇口稍厚，溜肩圆腹，肩以下渐广，至腹部下渐收，至底微撇。纹饰“鬼谷下山图”，传神生动，笔法细腻，描述鬼谷子在齐国使节苏代的再三请求下，答应下山搭救被燕国陷阵的齐国名将孙膑和独孤陈的故事。故事出自《战国策》。画面上鬼谷子端坐车中，虎豹拉车，他身体前倾，神态自若，超凡如仙。车前两步卒手持长矛开道，一英姿勃发的将军，纵马而行，手擎战旗，上书“鬼谷”二字，苏代骑马殿后。绘画构图工巧，行人与山色树石组成一幅壮观优美的山水人物画卷。青花纹饰呈色浓艳，画面饱满，疏密有致，主次分明，浑然一体。人物刻画流畅自然，神韵十足，山石皴染酣畅淋漓，笔笔精到，十分完美。

两人反复商量拿不出办法，只有把女儿连夜赶出家门。

霞瑞姑娘蒙冤受屈，一气之下毅然离开家门，陪她的只有丫鬟，二人悲困交加，不知前途如何。姑娘下了决心，对丫鬟说：“到天涯海角去，要还我的清白。”主仆二人离开王家庄，朝着北斗星的方向走去。

一路上风吹雨打，受尽跋涉之苦。尤其是霞瑞姑娘已有三个月的身孕，行走更加艰难。一天中午，她们走到黄河边，饥渴难耐，寸步难挪，便坐下歇息，刚一着地，却沉沉入梦。一觉醒来，一位老太太站在面前，和蔼可亲，面带笑容，手提的篮子里散发出蒸馍的香味。没等她们开口，老太太就把热腾腾的馍送到她们手中。二人顾不上道谢，就狼吞虎咽地吃起来。老太太坐下问她们的情况，霞瑞只是摇头，直爽的小云就把隐情一五一十讲了。老太太笑着说：“既然对我讲了真话，就是相信我了，我也把真话告诉你们吧。我乃西天老母，在这里等候多时，专门来点化你们。霞瑞姑娘，你虽是母亲所生，但不是你母亲的骨血，而是东海龙王女儿的化身。你和庆隆相爱，情真意切，虽未遂愿，上天有眼，来世相逢。你所吞食的珠子正是庆隆的精髓。腹中婴儿就是你和庆隆的后代。”霞瑞和小云立即跪下叩头，连声感谢。小云又问：“请老母相告，我们主仆该到哪里安身？”老母没有正面回答，信口念了小诗一首让小云琢磨：“朝曦昊天似血染，歌舞升平谁人欢？云海滚滚来天半，梦境滋滋润丹田。”

小云听不出门道来，聪明的霞瑞姑娘意识到这是一首藏头诗，马上把四句诗的头四个字一连，原来是“朝歌云梦”。可一想，那云梦山离家太近，有点为难，就向老母说明心意。老母思忖后说：“你们可先到临漳（今河北省临漳县）谷子村寄身，日后再作打算。”主仆二人连声道谢，可一抬头却不见了老母。

不一日，她们来到谷子村，一村妇在村头相迎。村妇很亲热，像见到亲女儿一样。从此，老少三个一起生活，亲如一家，形影不离。冬去春来，过了半年，转眼到了夏天。一天，霞瑞姑娘在院里给未来的孩子准备衣服，顿觉腹内疼痛难忍，那村妇和小云忙把姑娘扶进屋里，躺在床上，小云抬头一看，村妇竟是西天老母。老母慈祥地说：“霞瑞姑娘，我们该走了，只有到了云梦山，孩子才会出生。”说完，让小云也到床上，闭上眼睛，霎时狂风骤起，那张床慢慢上飘，不一会到了云梦上空，飘落在地上。霞瑞姑娘睁眼一看，峰峦叠翠，林木葱郁，云雾漾漾，气象万千，泉水潺潺，百鸟齐鸣，野花争妍，如入仙境。

西天老母把她们带到一洞口说：“这就是你们的安身之所。”姑娘看到周围大树参天，花儿芬芳，蝶飞燕舞。这座山洞上方串串晶莹的水珠飘落下来，洞口悬挂一幅珠帘。姑娘转身向西天老母道谢，却不见了她的踪影。她们二人向洞中走去，洞顶钟乳石琳琅满目，千姿百态。洞的尽头有一水潭，清澈见底。尝尝甘甜可口，饮之清爽。此时霞瑞突然感觉腹内疼痛，小云忙安顿好姑娘，姑娘一阵头晕目眩，一声婴儿啼哭回响洞中。一个白胖的男婴呱呱坠地了。霞瑞、小云喜得热泪盈眶。满月之后，霞瑞和小云商量给孩子选姓起名，机灵的小云说：“就姓小姐的王姓吧，这孩子降生时树上的知了叫得正欢，取名叫蝉如何？”霞瑞十分高兴：“小云，你说到我心坎上了。不过，我因吞食奇谷而生子，就叫鬼谷子吧！”

3. 鬼谷军校

鬼谷子选择在云梦山隐身，但他不是闲居，而是在这清静之地远避尘世，教徒授艺，办了一所“私立军事学校”，后人称云梦山为“中华第一古军校”。这所学校的教室就是著名的云梦山“水帘洞”。水帘洞又叫“鬼谷洞”，是鬼谷子出生地，史书记载，“水帘洞”是鬼谷子的讲堂。

水帘洞位于云梦山东段剑绣峰的山阴绝壁上，是一个天然溶洞。《淇县志》记载：“世传鬼谷子隐居处。”清代顺治年间何士琦撰写的《云梦山游记》中也有记载：“此山螭怒虬盘，幻异万状，水帘一洞，乃鬼谷先生仙栖之处。” 水帘洞是鬼谷子先生讲学授课的地方，又是他的栖身之所。洞口立魏碑，上书三个盈尺大字“水帘洞”，是明代摩崖题记。其右有竖题六个行书小字：鬼谷先生隐处。此洞面北坐南，洞高10米，宽6米，进深80多米，是鬼谷授课讲学的大厅堂。洞顶的钟乳石千姿百态，如梦如幻，奇丽莫测，洞顶流下的水珠沿着倒垂的石笋，滴答滴答的声音清脆悠长节奏明朗。下有一泉水，名“仙泉”。此泉与洞外的龙泉遥相辉映。仙泉水清凉，深不可测；泉水溢出，流向洞外，形成一道飞瀑，地涌天悬，啸声充谷。仙泉与外面的龙泉汇聚成一池清水，名曰“映瑞池”。泉水穿过水池流向涧水，汇成一道清溪，沿着鬼谷流入清水河，匆匆奔流而去。

插图 3-3.1 鬼谷军校水帘洞

“碧水为帘山头挂，红桃似锦洞口开”。水帘洞，位于云梦盆地南山阴半山崖，是一天然洞穴，洞高10米，宽6米，进深80余米，洞顶悬奇形怪状的钟乳石，透明的水珠似玉顺着钟乳滴落石上，如坠玉盘，叮咚有声。串串水珠恰似一幅珠帘悬于洞口，故名“水帘洞”。洞之深处有一泉潭，水晶莹甘洌，夏秋之季，泉水溢出洞外，形成一道飞瀑，直泻映瑞池，称之“洗洞”。水帘洞为鬼谷先生隐居聚徒讲学之所，故云梦山有“中华第一军校”之誉。

映瑞池一带是鬼谷子带领学生学艺习武之地。历代文人墨客到此游览，有迎霞聚瑞之意，故叫“映瑞池”。每到雨季，池水清澈，碧波荡漾，朝映霞晖，暮衔星月，水天一色。池水溢出坝顶，形成飞瀑而下。水帘洞中有一天窗，每当晴日，阳光沿此窗口射到洞内。洞的右上方镌刻一副对联：天开道眼，山透玄心。地上有两道深深的车辙和牛蹄印迹，从洞内延伸到洞外。相传，当年鬼谷子总是乘着牛车，出入洞口。在洞的右下方有一洞叫仙牛洞，是鬼谷子养牛之处。洞口有一副对联：出水帘跨扶青牛，执拐杖驾起祥云。此洞深3米，南北长7米。洞中有一青牛塑像，翘首欲起，栩栩如生。

相传鬼谷子招收学生很严格。凡来投师学艺者，必进行“入学考试”。“考场”

就在“舍身台”。

舍身台在水帘洞之东，南北长 80 米，高 15 米，是一面悬崖峭壁。壁顶有 2 米多宽的平台，台下有三个大字：舍身台，字遒劲有力，为我国著名女书法家周怡手书。鬼谷子把应试者领到舍身台下，考题是攀缘绝壁。他要求考生沿这面绝壁向上攀登，到达绝壁上面的平台后，再从 15 米高的平台上跳下来。鬼谷子用这个考试项目，既要看考生的武功高低，也测验他们有无舍身求学的志气。他用的基本教材有《周书》《孙子兵法》《吴子兵法》等典籍，还亲手编写了《鬼谷子》一书作为教材，论述兵家纵横捭阖之术。他培养的学生如苏秦、张仪、孙膑、庞涓、徐福等人，都是风云一时的军事家、外交家，为七国争雄中呼风唤雨的人物。

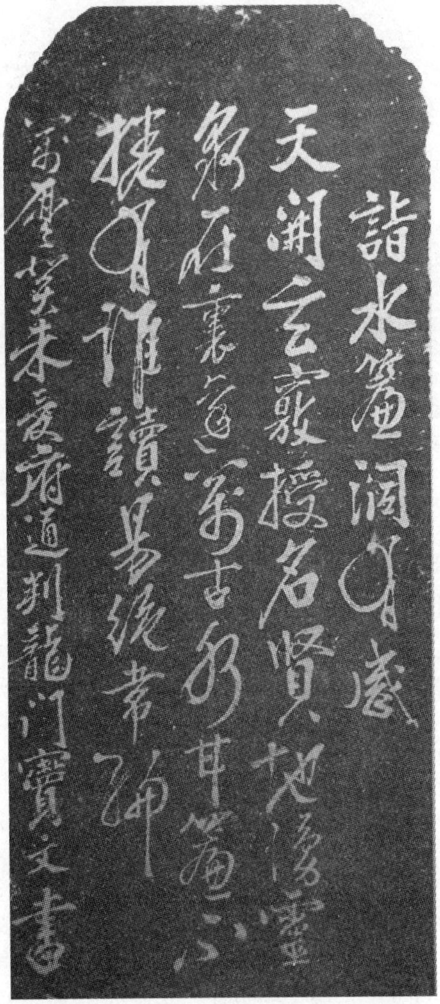

插图 3-3.2 明代窦文摩崖碑刻

明万历十一年（公元 1583 年），洛阳龙门通判窦文的摩崖碑刻有《诣水帘洞有感》一诗，碑高 1.3 米，宽 0.6 米。镌刻七绝一首：“天开玄窍授名贤，地涌灵泉在里边。万古水甘帘不卷，有谁读易绝纬编。”仅 28 个字，高度概括了鬼谷子办学的盛况。行草书写，潇洒流畅，放荡不羁，章法布局，恰到好处，气度不俗。水帘洞口镌刻有窦文的摩崖题记“水帘洞鬼谷先生隐处”，魏碑书体，端庄凝重，画龙点睛，与诗碑呼应，是水帘洞价值连城的金字招牌。

投师鬼谷子者，学成毕业离山时，还要进行“毕业考试”。“考场”设在“鬼谷墟”。

鬼谷墟位于水帘洞东北青龙背南侧，和舍身台遥遥相望，那里只是两个坑穴。但若了解了鬼谷子严谨治学的态度，又不能不为他“毕业考试”的内容和方式所折服。开考后，他就置学生于死地而后生。他让学生跳进坑内，他则坐在坑的上面和学生面对面辩论，学生展示他的“说明之术”，即“答辩”能力。“答辩”的学生只有将老师鬼谷子说得落泪，才算合格，才能毕业。如果论对不合格，则将其埋到坑穴之中。这实际上是一场生死考验。所以，凡是前来参加“答辩”的“应届毕业生”都不敢有丝毫含糊。考生们一跳入坑内，似乎就进入决战状态，处于生死考验境地，他们需从正反两个方面，从各个角度认真应对。论证时，个个都能鞭辟入里，说服力强，感染力大，把老师说得口服心服，老泪横流，连连点头，不住称是，才算考试合格。由他亲手送出“军校”大门的学生踏入仕途之后，不少人皆成为出辞吐辩、万口莫当的栋梁，叱咤于七国争霸的政治舞台上，驰骋于激烈拼杀的战场上，并留下许多诸如“合纵连横”“毛遂自荐”等美谈佳话，给后人许多启迪和借鉴。

孙膑和庞涓就是鬼谷子培养出来的两名优秀学生，虽同投一师、同出一门，但出山后各为其主谋事时所表现的思想品质和才能智慧却大相径庭。这是怎么回事呢？略举例一二可知。鬼谷子很重视学生的思想道德修养，总是通过不同的方法考查学生，善于因材施教。

相传有一天晚上，鬼谷子找来孙膑和庞涓说：“这几天有只老鼠总在我的床榻

插图 3-3.3 鬼谷子考场舍身台

相传，舍身台为南北长 80 米、高 13 米的悬崖峭壁，是鬼谷子举行收徒仪式的考场。凡招收的弟子，鬼谷子都要他们从舍身台上跳下，以测试他们的勇气。

上跑来跑去，让我难以安睡。你俩谁能为我捉鼠呢？”爱表现的庞涓抢先答道：“老师，我能。”平时老师总是夸奖孙膑学习和做事之长处，显得庞涓总是大为逊色。这一次他一定要得到老师的表扬。夜晚，庞涓早早来到老师的榻前，眼睛死盯着床榻。可是，他苦苦守了一夜，未见鼠影。天亮后，他带着埋怨的口气说：“老师，哪有什么老鼠，我守了一夜也没见到老鼠的影子。”鬼谷子说：“那今天夜晚就让孙膑去试试吧。”

晚上，孙膑照料老师入睡之后，便恭恭敬敬地站在老师床前，等待老鼠出来。可是，到天亮仍没见一只老鼠。他什么也没说，晚上又照例守在老师的床前。就这样，他一连守了三个夜晚，始终没看到老鼠。第四天的夜晚，他又一如既往地到了老师床前。夜深人静以后，鬼谷子突然坐起来，拉着孙膑的手说：“这几天让你吃苦了。其实，我这里并无老鼠，我是想看看你俩谁有耐性。你胜利了！”说完，拿出一本书让孙膑看。孙膑一看，喜出望外，原来正是自己梦寐以求的《孙子兵法》。鬼谷子就一字一句地给孙膑讲解起来。一连几个夜晚，鬼谷子连续把《孙子兵法》上的内容全部传授给了孙膑。其实庞涓也是日思夜想地要向老师学习《孙子兵法》，但因他的浮躁而失去了大好的求知机会。

4. 观天传智

水帘洞往东是“青龙背”，起伏如巨龙横卧，绵延数里。沿青龙背直上，可达一座突兀耸立的山峰，它就是剑秀峰，海拔 584.5 米。相传，当年鬼谷子经常带领弟子们登临此峰传经授艺，夜观星象、窥测天时，探索天体运行和斗转星移的规律。

相传，有一年初夏的一天，晴空万里，阳光高照。孙膑和庞涓听完老师的授课后，来到一棵大树下讨论布阵调兵之法。正当他们聚精会神地研究、推理、争论不休时，突然听到老师鬼谷子在召唤他们。二人立即返回山洞问何事。鬼谷子吩咐他们，将有山洪爆发，赶快下山通知众乡亲，马上加固房屋，囤好粮食。孙膑和庞涓一听，面面相觑，疑惑不解，但又不敢多问，转身向山下赶去，分头告知百姓。百姓们听说是山上鬼谷子所说，都不敢怠慢，立即着手防洪。三天之后，天气骤变，乌云翻滚，沉雷滚滚。霎时，大雨倾盆，接着山洪爆发。由于百姓们事先有了准备，免受了一场水灾。

事后，孙膑和庞涓问老师鬼谷子："老师真是料事如神。请问老师是如何预测出洪水的？"鬼谷子轻轻一笑说："我非神仙，所以不会料事如神。我只不过常年观察天象，能揣摩一些天气变化的规律罢了。"二人又问："老师是如何看出这一次规律的呢？"鬼谷子解释道："那日早晨，我观天色一片昏黄。这种颜色的形成是因为远处有大水，阳光照在水上，把光线反射到天空，天空便出现昏黄之色。这就叫'早看天昏黄，遍地成海洋'"。孙膑和庞涓听了这一番话，更加佩服老师了。

插图 3-4 孙膑画像

孙膑，是孙武的后代，战国著名的军事家，兵家代表人物。孙膑曾与庞涓为同窗，师从鬼谷子。因受庞涓迫害遭受膑刑，身体残疾，后在齐国使者的帮助下投奔齐国，被齐威王任命为军师，辅佐齐国大将田忌两次击败庞涓，取得了桂陵之战和马陵之战的胜利，奠定了齐国的霸业。

孙膑和庞涓自从同投在鬼谷子门下拜师学艺起，就开始了斗智。孙膑品格高尚，智高一筹，处处胜算；而庞涓心胸狭窄，处处为己，总是败于孙膑。

孙膑和庞涓在云梦山学艺期间，鬼谷子常让他们去砍柴，做些劳动之事。砍柴的路上小憩时，二人就在一块青石板上下棋。对弈中孙膑总是沉着迎战，诱敌深入，以退为进，虚实相生，力挽狂澜，以智取胜。而庞涓则刚愎自用，求胜心切，不顾形势，铤而走险，猛打猛冲，杀机逼人，想快速置敌于死地，结果却是连连败阵。最妙的是，孙膑每在关键时刻猛杀回马枪，庞涓只有招架之功，而无还手之力，悻悻而去。

鬼谷子不以年龄大小而论，而是以"智"之高低而定。鬼谷子对他们二人进行了一次别开生面的"考试"。

有一天，鬼谷子把二人叫到跟前说："冬天将至，山上要备足柴火，当大雪封门时，我们才能照常授艺。"然后交给每人一把斧头，要他们各自出去砍柴，比比看谁砍得多，时间是六天。鬼谷子还特别提出要求，柴要好烧，不能冒烟，领先者为师兄。二人明白了，这看似简单的命题里隐含着鬼谷子识才辨智的苦心。

孙膑在第一天没有忙于砍柴，而是对山上可砍柴处做了一番实地调查，摸清了来往路途，对路况了如指掌。之后，找一合适的山崖，依山势挖了一个窑洞，口小腹大。一切准备停当，开始砍柴。他一鼓作气，一连几天，尽砍质量好的柴火，并取道捷径运柴，把柴放进窑洞内，封好洞口，一切妥当之后，他空手回到老师的住处。而庞涓认为自己身强力壮，凭自己的优势，专捡大树砍伐，赶快背回放到老师面前，面带喜色，洋洋得意。

老师要求砍柴的天数到期限了，庞涓看到孙膑空手而归，暗自高兴，心想师兄之称非己莫属了。可老师看到二人的情况，心中已明白了几分，他对二人的表现和成绩不褒不贬，不动声色。孙膑面无气馁之色，庞涓却是满脸盛气，一副胜利在握之态。柴砍好了，接着就是检查柴的质量，是否符合"好烧无烟"的标准。孙膑不慌不忙地到堆满柴火的窑洞前，把火点着，烧到一定火候，立即把洞门封闭。等到窑洞里的火完全熄灭，扒开窑洞门，搬出烧好的木炭，运到老师面前。鬼谷子点头微笑，并无评价。庞涓看到孙膑那堆木炭，不以为然。然后，兴致勃勃地到自己砍的柴跟前，信心十足地点着了火，一堆柴熊熊燃烧起来。火势凶猛，噼叭作响，浓烟滚滚，呛得人难以透气。鬼谷子连连摇头，就检查孙膑的木炭。孙膑点燃了木炭，火蔓延起来，火势很旺，没有一丝烟雾。鬼谷子见此状，当即做出评判："孙膑当为师兄。"并让庞涓当场向师兄孙膑施礼相拜。庞涓不情愿地看了孙膑一眼，虽然以礼相拜了，但心中不服，后来这种不服渐渐变成了对孙膑的仇恨。

鬼谷子的教学坚持从严从实的原则，培养门徒习武学艺的真才实学。他从实战出发，把教学场地置于险要之处。

在小峰门之西有一山岭，南北走向，长2000多米，海拔320米，呈北高南低之势，两侧山岭的南端是峡谷，北侧与大峰门相接。东侧有一条羊肠小道，直通山顶。此处地势险要，地形多变，后人称之为"演兵岭"。鬼谷子选择这里作为教授学生摆兵布阵的大课堂。鬼谷子带领孙膑和庞涓等众门徒，常住在这里，苦练兵法。

一次，鬼谷子给他们出了一道智力测验题。鬼谷子端坐屋里，对孙庞二人说："谁能想办法把我请出屋，谁就是胜利者。"急于求胜的庞涓抢先上前应对。他时而说山下来了一伙强盗，时而说外面的草垛着火了，最后又说元始天尊和九天玄女来到山前。总之，用尽自己所能想到的招数，鬼谷子还是无动于衷，稳坐屋里。这时，胸有成竹的孙膑上前诚恳地说："老师，你上知天文，下晓地理，后知五百年。你出的题目我哪能解答出来。我虽然无法请你走出这座屋子，但我却有办法让你从屋外走进屋里。"鬼谷子一听，感到奇怪，不知这个学生有何高招。于是他就从座位上站起，走到屋外站定，等待孙膑出招。孙膑说："老师，我胜利了，我已把你请出屋了。"鬼谷子猛醒，知道中了孙膑之计。

5. 纵横之术

庞涓在云梦山学习了三年，听说魏国国君魏惠王以优厚待遇招求天下贤才，即想下山，谋求富贵。鬼谷子对他的心思早有觉察，不可再留，便对他说："你的时运已到，何不趁此下山求取富贵。"庞涓忙跪下说："弟子正有此意，但不知下山能否如愿。”鬼谷子神秘地说：“你去外边采枝山花，我给你占卜一下。”但此季节无鲜花可采，庞涓只找得一茎草花返回。他不敢给老师看，就藏于袖中，骗老师说无花可采。鬼谷子一眼识破，让其拿出草花来，说：“这叫马兜铃，一开十二朵，正是你荣盛的年数。此花是你在鬼谷洞旁所采，并且已经枯萎，所以，‘鬼’字旁加‘委’便是‘魏’也。你下山到魏国一定会如愿的。”又说：“但你藏花骗我，这预示你日后必做骗人之事，还会被人骗，不可不戒。送你八个字：‘遇羊而荣，遇马而瘁。’切记，切记。”孙膑则觉得自己学业尚未精熟，还想进一步深造。他也舍不得离开老师鬼谷子，还想从老师那里学更多更深的知识。他向老师表示，自己先不出山。鬼谷子知其心意，很高兴。

插图 3-5 孙庞马陵之战

此图为清末民初石印本《东周列国志》的插图，再现了孙膑、庞涓马陵之战中斗智的情景。公元 342 年，魏国起兵攻伐韩国，齐国大将孙膑率兵攻魏救韩，魏惠王派太子申和大将庞涓率十万大军迎战。孙膑巧布奇兵，设“减灶诱敌”之计，制造齐军大量逃亡的假象，迷惑敌人。庞涓果然中计，兵败自杀。

庞涓带着老师的嘱咐到了魏国，见到魏王。魏王问他治国安邦、统兵打仗之策。庞涓倾尽胸中所有，滔滔不绝地把老师鬼谷子教授的知识讲了很多，还夸口说：“若用我为大将，则六国就可以在我的把握之中，魏国必成为霸主！”魏王听了很兴奋，便任命他为上将军，执掌魏国兵权。

魏国执政的惠王很惜才，他听说了孙膑的才能，就让庞涓写请帖请孙膑出山。庞涓虽然嫉恨孙膑，但不敢违抗王命，只得发信给孙膑。孙膑到了魏国，受到重用。庞涓表面上欢迎，心中却十分嫉恨，总怕他超越自己。

一次，两人谈论兵法，庞涓时时因学识粗浅而无话可答，而孙膑却诚心诚意给他讲解。庞涓听出了孙膑从老师鬼谷子那里学到了《孙子兵法》，悔恨当初没学到这部著名的兵书就故意叹气自责：“愚弟当年也经先生传授，但近年忙于政务，几乎忘了。长兄能不能把《孙子兵法》借我复习一遍？”孙膑诚恳地说：“此书经先生讲解后，只让我看了三天就收了回去，并无手本。”庞涓问：“吾兄还能全部忆出吗？”庞涓打起了小算盘，想借机学来《孙子兵法》，可不落后于孙膑。孙膑老老实实地说：“还可背下来。”庞涓心中大喜，巴不得让孙膑马上背给他，但一时又不好开口硬逼，怕露了馅。

一天，魏王要验证一下孙膑的才能，让孙膑、庞涓二人在演武场表演阵法。庞涓先出招摆出了阵法，孙膑一眼就看明白了，立即指出了攻破的方法，魏王非常满意，大加赞赏。孙膑的阵法摆好后，庞涓却茫然不识。庞涓怕失面子，急施一计，上前偷偷问孙膑是什么阵法、如何破之，孙膑还是毫无戒心地告诉了他。庞涓听罢，赶忙走到魏王面前，把从孙膑那听来的方法讲一番。待孙膑布置完毕来向魏王讲述自己的阵法，魏王一听与刚才庞涓所说一样，也大大称赞庞涓的才能。魏王又被庞涓忽悠了一次。魏王说："两卿才能并称杰出，真是魏国大幸！"于是魏王以为两人才能不分高下，十分高兴。

庞涓经过这件事后，有了危机感，觉得孙膑会直接威胁到自己在魏国的地位，不除掉孙膑，日后必屈居其下，这是他最不愿意的事。他心生毒计，寻机捏造罪名，诬陷孙膑私通齐国，终使魏王失去了对孙膑的信任，施以"刖刑"，剔去孙膑双膝盖骨。后来，孙膑设法逃到了齐国，齐威王委以重任，孙膑统帅军队。从此，齐国在与魏国的争雄中，孙膑施展才能，指挥军队，运用奇谋，屡屡打败庞涓统帅的魏军。终于在马陵川（今河南省范县西南）齐魏军队对垒中，庞涓中了孙膑的埋伏，身负重伤，愧恨交加，无地自容，拔剑自杀，魏军全军覆没。

同一校同一师，而学成后的结果大相径庭。鬼谷子教的另外两个门生也是如此。这两个学生出师之后也成了敌对，并且影响了战国历史，他们是苏秦和张仪。

东周洛邑（今河南省洛阳东）人苏秦，年幼时就与张仪同拜鬼谷子先生为师。在鬼谷子那里学的专业知识是"纵横术"。东汉思想家王充在他的《论衡》中说："术则纵横，师则鬼谷。"鬼谷子是纵横家的宗师，纵横之术是指战国谋士们从事政治和外交活动所施用的方法和手段。鬼谷子虽然一生幽居深山，从未参与过政治和外交活动，但凭他"通天彻地，人所不及"的渊博知识，提出了"唇吻以策勋"的主张，以其设谋与施说，用术与运言闻名于世。

苏秦和张仪同是洛阳人，同上云梦山投鬼谷子为师。当初二人上山投师时，鬼谷子问他们要学什么，苏秦说："我自幼喜与人斗嘴，愿学利口之术，志在周游列国，横行天下。"张仪说："弟子与苏兄情同手足，志趣相投。"鬼谷子说："正合我意，那么我就把纵横之术传授给你们吧。"苏、张二人非常激动。鬼谷子又详细解释说："纵横之术就是口舌之术。别小看它，它能使人口若悬河，滔滔不绝。有了纵横之术，就能使人想不愿想之思，行不愿行之事，凭三寸之舌，周游天下，横行九州。成于斯，败于斯，纵成是霸，横则为王。"二人越听，求学之心越是急切。鬼谷子深入分析道："纵横之术，乃五行相生相克之道。口舌之中，能容天下万物、心中所思，可包罗万象。纵横术，普天之下无所不有，率土之滨无所不包。只要领会其中精髓，演绎至末梢，即可把有形文字，化为无形技能，使你游刃于群雄之中，自得其用，自得其乐。"

张仪与苏秦一同拜于鬼谷子先生门下，同是鬼谷子的优秀门生，一同演绎战国末期群雄相争的场面。

二人学业成就之后，苏秦先下山谋事，到秦国未被录用。回到故里，头悬梁、锥刺股，刻苦攻读有关兵法、医学、经济和法令等方面的书籍，对各诸侯国作了充分分析研究后，决定了去向，游说六国以对秦国。他靠从鬼谷子那里学习的“说辩之术”，成功地取得了六国的高度信任。他身佩六国相印，最终促成六国结盟以共同抗秦的战略思想，这就是战国著名的“合纵”。

张仪比苏秦出山晚些，一出山即投靠了秦国，受到秦惠文王的重用，出任秦相，也靠从鬼谷子那学得的高超“说辩之术”，实行“连横”的战略，说服六国以事秦，瓦解了苏秦的“合纵”联盟，成为后来秦灭六国、统一天下的基本战略。

苏秦和张仪在战国七雄争霸中，都曾以自己的纵横之术，活跃于列国纷争之中，影响了战国历史的走向，这是鬼谷子纵横之术的力量。

第四章 科圣张衡

圣贤

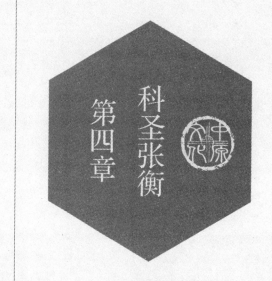

第四章 科圣张衡

四

科圣张衡

1. 青年学者

张衡，字平子，东汉建初三年（公元 78 年）出生在南阳西鄂（今河南省南阳市石桥镇）。据史书记载，张衡的祖先曾是晋国的大夫。张家在汉代是南阳郡著名的大族，具有很高的声望和社会地位，对张衡影响最大的是他的祖父张堪。张堪的父亲给他留下了数百万财产，但他都给了兄长，并不放在心上，品德高洁为人称道。张堪幼年天资聪慧，学习刻苦，志向远大，是十里八乡有名的“神童”。他追随刘秀，为东汉王朝的建立立下了汗马功劳，曾任郎中、蜀郡太守、骑都尉、渔阳太守等职。张堪为官廉洁奉公，去世时家无积蓄。张衡出世时，家道已经衰落。

张衡出生的年代正是东汉章帝刘炟继位没几年。这位皇帝性情宽厚，儒雅好学。他继承了光武帝刘秀的“与民休息”的宽松政策，废除前朝严酷的法律，发展生产，繁荣了经济。与各族和睦相处，安定了边陲。他重视文化学术研究，重视知识分子。张衡自幼就在这样的文化氛围中成长。

插图 4-1.1 张衡塑像

张衡，东汉伟大的天文学家、数学家、发明家、地理学家、制图学家、诗人、官员，为中国天文学、机械技术、地震学的发展做出了不可磨灭的贡献。人们将月球背面的一环形山命名为“张衡环形山”，由于他的贡献突出，联合国天文组织曾将太阳系中的 1802 号小行星命名为“张衡星”。张衡共著有科学、哲学和文学著作 32 篇，其中天文著作有《灵宪》和《灵宪图》等。郭沫若评价张衡：“如此全面发展之人物，在世界史中亦所罕见，万祀千龄，令人景仰。”

张衡父亲的早逝，使家中生活日渐清苦，有时不得不接受亲友的救济。贫困艰辛的生活造就了张衡从容淡定的态度，养成了勤奋刻苦、勇于探索的个性。少年时代的张衡酷爱读书，经书、文史、自然科学等，只要有机会得到，都要认真阅读，细细品味，深入理解。他读书涉猎范围之广、理解程度之深，都远远超过同龄人。跟随老师学习，不但勤学，更有好问的习惯。所以，大家夸赞他说：“焉所不学，亦何不师。”没有他不愿学的知识，见了老师就要求问。在学馆里，张衡的年龄最小，可是他的学习成绩最优秀。

年幼贫苦的张衡，刻苦读书，求知欲强。他攻读儒家经典，爱好文学，对社会历史和自然中的许多问题都认真思考，追根究底。十几岁时，他懂得了很多知识，又写得一手好文章，成了一个知识丰富的少年。但他从不自满，孜孜不倦地学习，“无坚不钻”地探索。青少年时，他熟读了许多古代典籍，“通五经，贯六艺”。汉代名士崔瑗评价他说：“天资睿哲，敏而好学，如川之逝，不舍昼夜。”

东汉永元六年（公元 94 年），16 岁的张衡身材挺拔，面目清秀，满腹才学，俨然是一个风度翩翩的英俊才子，在四里八乡享有很高的声誉。县上的官员见他德才兼备，特别是写得一手好文章，便要举荐他做秀才。这在一般人看来，是求之不得的事，然而张衡的反应十分冷淡。他志在做学问，不想踏入仕途。他博览群书，使思想越来越开阔，不受传统观念的束缚。他对做官不感兴趣，但也不满足于“闭门家中坐，苦读圣贤书”的生活，梦寐以求的是“读万卷书，行万里路”，渴望出外游学，增广见闻，扩大知识范围。要读社会这本大“活书”，以充实自己的生活阅历和开阔自己的眼界，获求更丰富的知识。所以，他毫不犹豫地拒绝了县里官员的好意，满怀志向，告别了亲人，离开了生他养他 16 年的美丽故乡，踏上了外出游历的旅途。

张衡离开家乡后，直奔前朝西汉的都城长安，那里的古代名胜和现实生活引起他探访的浓厚兴趣。他来往于渭河流域，游览了阴晴壑殊的终南山风景，遨游了“横被六合，三成帝畿”的关中大地，仔细考察了山川地势、名胜古迹、资源物产、风俗人情，探访了长安故都城区规模、宫阙建筑、街头市井、作坊客栈、文物典籍、奇技异术、人事掌故等。班固在《两都赋》中对长安的铺张描写，使张衡如醉如痴。

插图 4-1.2 辟雍碑（洛阳太学遗址出土）

1931 年，洛阳太学遗址（偃师市大郊村）出土辟雍碑一尊。此碑为晋武帝司马炎于咸宁四年（公元 278 年）十月在太学所立，碑高 3.22 米，宽 1.1 米，全称是“大晋龙兴皇帝三临辟雍皇太子又再莅之德隆熙之颂碑”，碑文记载了晋武帝司马炎与太子司马衷亲临辟雍（太学）视察的事迹，并刻下行政学官、太学师生等 400 余人的籍贯姓名。

在一年多的游览跋涉中，张衡风餐露宿，不畏劳苦，涉浙水，过武关，足迹遍布八百里秦川，走遍了“三辅”地区（今陕西中部地区）。东汉永元八年（公元 95 年）春，他折而向东，来到了骊山，伫立于秦始皇陵墓前，赞叹秦始皇统一中国的伟绩。他又被温泉的幽境所吸引，挥笔写下了著名的《温泉赋》，寄托自己的志趣。

这一年，他离开骊山来到京都洛阳。东汉王朝是当时世界上的强国，政治、经济、文化都处于领先地位。汉王朝政治局面的安定、经济文化的繁荣集中体现在洛阳城。洛阳不仅有规模宏大的国家图书馆和皇家图书馆，而且还有全国最高的学府——太学。

汉武帝元朔五年（公元前 124 年），汉武帝为了培养官吏，统一人们的思想，采纳了丞相公孙弘和大儒董仲舒的建议，“立太学以教于国”，在京城长安（今陕西西安）创办了太学。汉武帝通过太学选拔出一批有才能的人，进一步充实和加强了封建统治机构。西汉时期的太学是我国和世界上最早的高等学府。东汉建武五年（公元29年），汉光武帝刘秀在洛阳城东南的开阳门外兴建太学。后来汉明帝刘庄还到太学行礼讲经。太学拥有从事学术研究的优越条件，集中了全国许多著名学者。

张衡眼中的洛阳古城，在车水马龙的喧闹声里，在灯红酒绿的繁华生活中，深蕴的是风尚高雅的文化和文人荟萃的风韵。这里才有他如鱼得水之趣，才是他成长的沃土。他到太学里听讲，向一些有名望的学者请教，却无资格入太学，因为他没经过郡太守的选送。他以文会友，结识了许多志向远大、学识渊博的年轻学子，他不断地寻访名家经师。当时正是朝廷极为重视经学的时候。他结识了许多大学问家，如贾逵、崔瑗、马融、王符、窦章等。张衡对“五经”、天文、地理、气象、文学无不兼学并览。研究学问同他们一起读书论文，指点江山，评论时政。这些风华正茂的年轻人，探讨问题范围之广、程度之深令时人赞扬慨叹。张衡在与他们一起研究数学、天文、历法等方面的知识时，总有自己独到的见解，发表见地出众，就连那些前辈也自愧不如。但他无丝毫的骄尚之情，大家都愿意和他在一起研讨问题，张衡也从中获益匪浅，学问更加丰厚扎实。史书曾记载他“通五经、贯六艺”，各方面的知识和技能无所不知、无所不能。

插图 4-1.3 辟雍碑之碑首字体

碑首的字为碑的全称“大晋龙兴皇帝三临辟雍皇太子又再莅之德隆熙之颂碑”，碑首和碑文采用晋隶，字体灵活，独具风格。碑首和碑身为整石凿成。

他不但学有成绩，而且品德优良，才华出众，不流时俗，志向高远。所以，他得到了故乡南阳的郡守推举，官府也竞相征召他入仕。但他志在求学，无意于官场。他经过五六年的艰苦求学，终于成为一个名副其实的青年学者。

张衡在洛阳或听博士先生们的子曰诗云讲座，或访师求教坚持自学，靠他的独立思考和博闻强记，获得了丰富的知识；同时，他还创作了《定情赋》《扇赋》《七辩》等许多文学作品。此时，他的名篇佳作《二京赋》的构思在这个阶段也成竹在胸。

2. 文理兼长

张衡在洛阳不做官只读书，没有经济来源，只靠家庭供应，但他家境贫寒，难以为继。此时，他家乡南阳郡的太守鲍德早闻其名，知其才，就聘请他回乡任职。再三相邀，盛情难却，他也正需要这样一个饭碗。于是在东汉永元十二年（公元100

插图 4-2.1 张衡读书台遗址

张衡幼年时代，家境贫寒，但他年幼好学，天资聪慧。汉名士崔瑗说他“天资睿哲，敏而好学，如川之逝，不舍昼夜”。他十几岁时，便积累了相当丰富的知识。张衡墓之北的“读书台”见证了张衡的勤读好学。但这座读书台在岁月侵蚀中台基泯没，只剩一片残砖瓦砾，杂草萋萋。20 世纪 50 年代，当地政府对张衡墓园和读书台加以修缮。在读书台遗址上，重修一座砖砌束腰形高台，高台中竖石碑一通，上书“汉张平子读书台故址”。

年），他回到故乡接受了南阳郡太守鲍德的聘请，任主簿，主管文书，协助郡政的管理，这年他 23 岁。

鲍德是位清正廉明的官员。张衡所担任的主簿之职，除有些杂事外，多有空暇时间，这就给了他一个继续学习和研究的机会。南阳地区美好的自然环境和发达的手工业基础以及深厚的文化，为他的学习和研究提供了一个优良的空间。在主簿任上，他积极协助鲍德兴修水利，发展农业，广修学校，提倡文学，促进了南阳郡的经济文化的发展。公暇之余，张衡一如既往地学习文化科学知识。这段时期，张衡专心致志地精读了许多学术典籍，其中最使他心醉神迷的当数扬雄的《太玄经》。这是一部内容广泛、文字艰深的哲学著作，其中的一些唯物主义和无神论内容，深深地触动了张衡的灵魂。这部书很少有人研究。但张衡却是“人弃我取”，钻透了“玄”，并写出了《太玄注》，绘制了《玄图》。《太玄经》里关于天文、律历、数学等方面的论述很多，张衡从中受到很多启迪，为他以后在探索宇宙奥秘的征途上取得一个又一个辉煌战果提供了明确的思想导向和坚实的理论基础。

此时，他在文学创作上也有了新突破，终于完成了《二京赋》。《二京赋》是张衡赋作中的代表作，为汉赋中的精品。《二京赋》包括《西京赋》《东京赋》两篇。二京指汉朝的西京长安与东京洛阳。这篇文学作品倾注了张衡几十年的心血。素材积累起始于他少年游学之时，此后他不管走到哪里，遇到什么困难，都没有停止对这篇赋的艺术构思，一直到中年才完成。他用自己青春的生命，慷慨激昂地喊出对贵族淫奢的抗议之声。赋中充斥着严厉的抨击之词，揭露了达官贵人终日寻欢作乐、搜刮民脂民膏的恶行。他警告他们，水可载船亦可翻船。当然，其中也有歌颂“大汉圣朝”。《二京赋》中还表现出张衡朴素的唯物主义思想。他认为，天就是阴阳之气，地则是瘠沃之土，天地为非人格的自然物质世界；不同的自然条件，对人类社会就有不同的影响。人的感情，不是上天赋予的，而是后天实践中在一定的客观环境下产生和形成的。这些进步的思想是他的科学研究成果和创造发明实践在文学作品中的表露。他凭着对故乡的挚爱还创作了富有激情的《南都赋》等许多诗、赋作品。

南阳郡太守鲍德于东汉安帝永初二年（公元108年），被调入京都洛阳，任大职农，主管农业。鲍德赴任时曾邀张衡随同到京任职，但张衡拒绝了鲍德的盛情邀请，并辞去了主簿一职，离开南阳郡宛城，回到了南阳西鄂家乡专心钻研学问。

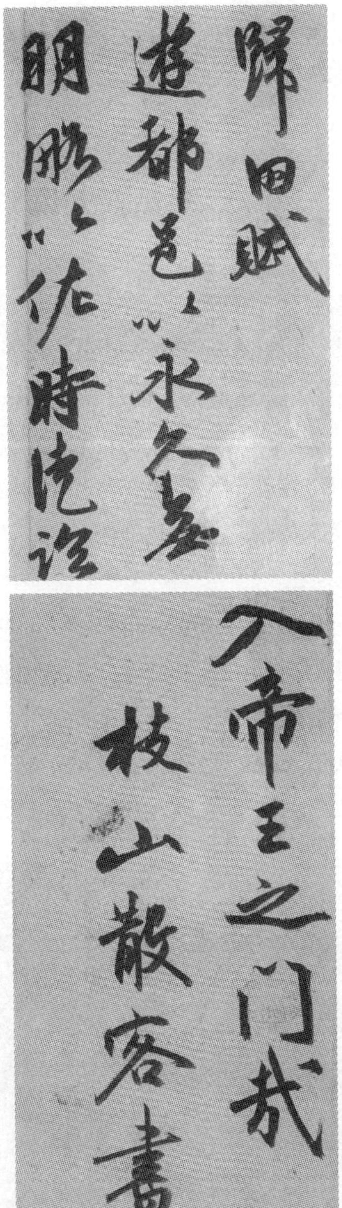

插图 4-2.2《归田赋》行书手卷局部（明代祝允明）

祝允明，字希哲，号枝山，家学渊源，能诗文，工书法，其狂草受人赞誉，流传有“唐伯虎的画，祝枝山的字”之说。祝枝山所书写的《六体书诗赋卷》《草书唐人诗卷》及《草书诗翰卷》等都是传世墨迹的精品。枝山书法矫迈翻腾，却不剑拔弩张。大起大落之间，尽显古雅恢宏之气。章法参差错落，上下左右呼应，顾盼连成一气。此件作品运笔流畅飞动，转折自然，跌宕迂回，体势秀美多变。

张衡回到家乡后无意于仕途，朝廷曾征召于他，但又一次被他推辞掉。在汉安帝永初五年（公元111年）3月，在京城任职的鲍德再次向朝廷举荐张衡。张衡再三推辞，无奈他“通五经、贯六艺”的大名早已为安帝所知。皇帝因“雅闻衡善术学”，特发一道“求贤诏”，诏张衡入朝。母亲也再三催促，并鼓励他去京都发展，母亲发话了，他只得停下三年的读书生涯，到了京城洛阳。张衡进入朝廷，被任命为尚书台郎中，“主作文书起草”，但杂事不多，而且距国家图书馆近，他又一次得到了学习的良机。他废寝忘食地钻研学问，甚至在入朝拜贺皇帝的前夕，还是正襟危坐，手不释卷。从家乡再到洛阳，他读的书更为广泛，历史、文学、哲学、天文、地理、数学、物理等无所不学，无所不钻。汉元初元年（公元114年），张衡升任尚书侍郎，尽管位高权重，但他还是把读书研究放在首位，一刻也不放松。他重读书更重实践，利用掌握的科学知识，制造出科学仪器，坚持观测各种自然现象，特别是对天文的研究，兴趣更浓，更为深入。

第二年，皇帝又任命张衡为太史令，专管天时星历的研究。张衡领导的是一个天文学科研机关。他的属下有80多人，都具备各种专门知识，分管着推算历法、观测日月星辰、候望风雨气象、调理钟律等。这一年张衡38岁，正是年富力强的时期，他在此位上一干就是18年。这个阶段是他的科学研究的黄金时代，他的才智得到了充分的发挥。他精力充沛，视野广阔，学识渊博，勤于实践。他走进哪一类学科，就能在那个领域开出绚丽之花，结出丰硕之果。

汉顺帝永和二年（公元137年），张衡已到耳顺之年，再也不想戴那顶乌纱帽了，对混乱纷扰的人世更加厌烦。此时的汉王朝阶级矛盾激化，民不聊生，边境又多战事。朝廷昏庸，政治腐败，内忧外患的政局对张衡的思想压力很大。他毕竟是位科学家。他忧国忧民，无从报国，百感交集之中，写了一篇《归田赋》，成为千古传颂的名作。在这篇作品中，他描写了想象中的归途快乐和归田后的隐居生活。在这种思想的导向下，他急于告老还乡。但是他上书辞呈，皇帝非但不准，还给他升职，让他做了尚书。他忧劳成疾，终于卧床不起。顺帝永和四年（公元 139 年），这颗光照中华史册的科学明星陨落了，这年他 62 岁。张衡死后遗体被运回南阳郡，葬于他的故乡南阳西鄂城。

3. 造浑天仪

张衡在天文学方面有突出的天赋，在他的童年和少年时代，除了在浩瀚的书海中遨游外，对他最有吸引力的就是浩瀚的星空。

夜幕降临，大地沉睡，万籁俱寂，这是张衡思想最活跃的时刻。他坐在院子里，面对天穹，凝目仰望。那广阔的天宇，那神秘的夜色，那些镶嵌在墨蓝色夜幕上的星星如宝石般晶莹，他奇妙的遐想穿梭在太空之中。让他最感兴趣的是奶奶在星空下给他讲北斗星和月亮的传说，奶奶教他辨认北斗星，给他讲嫦娥奔月的故事，更激发了他对夜空的心驰神往。

一次，张衡读了一首小诗："斗柄指东，天下皆春；斗柄指南，天下皆夏；斗柄指西，天下皆秋；斗柄指北，天下皆冬。"这时他又懂得北斗星在不同的季节，指的方向不同，他进一步想到，北斗星一定是在不停地运转着。想到这，使这个少年一下子感到有了重大的发现。有发现就要动手试验一下。他兴奋地找来纸，分别画成 4 张不同方向的北斗星图。从那天开始，只要是晴空的夜晚，他都要拿着这几

插图 4-3 复制的浑天仪

张衡所制的浑天仪是浑仪和浑象的总称。"浑仪"是测量天体球面坐标的一种仪器，它模仿肉眼所见的天球形状，把仪器制成多个同心圆环，整体看犹如一个圆球，然后通过可绕中心旋转的窥管观测天体；"浑象"是古代用来演示天象的仪表，它是在一个大圆球上刻画或镶嵌星宿、赤道、黄道、恒稳圈、恒显圈等，类似现今的天球仪。张衡制成这种仪器比欧洲早 1700 多年。

张自制的“北斗星图”仰望北斗星，他好像看见了北斗星在运转。有时候看天空忘了自己和时间，当回到现实时，他才发觉自己已经站了整整一夜。他如此观察北斗星一年，“斗转星移”的道理在他脑子里清晰起来：北斗星绕着中心转而有四季不同的方向。他的天文知识逐渐丰富了。

那时，人们对天体的认识有两派：其一是“盖天说”派。“盖天说”派者认为天像一只巨大的碗，反扣在大地上面，大地是平坦的；其二是“浑天说”派。“浑天说”派者认为天像蛋壳，里面包的是蛋黄，那就是地。张衡是坚定的“浑天说”派，但他要为自己的观点找到科学的证据。为此，他投入艰苦细致的研究中。他担任的职务为他的科研工作提供了得天独厚的条件。他要制造一个能直观而形象地说明复杂的天文现象的天体模型，以显示天地的构造、日月星辰的运行情况。把抽象的思维变成一个能看得见、摸得着的实物确非易事，张衡翻阅了大量书籍资料，熬了无数个不眠之夜，终于绘制出了一张精致的“天球图”。

一天深夜，张衡带着天球图到“灵台”，灵台即当时的天文台。灵台里的天象观测工作人员看到自己的顶头上司来了，一时紧张了。张衡忙说：“别慌，我是来和大伙儿商量事情的。”张衡把天球图展开，“你们看，这是我刚刚画好的天球图。我打算照这张图制作一个天体模型，好为浑天说作个证。”张衡的话立刻引起大家的注意。张衡接着说：“为了能准确地反映日月星辰的运行情况，以后我会天天来和大家一起做这个天体模型，和诸位一起观测，请多多帮助。”张衡的人品学识早已赢得大家的尊重，这番话更说得众人怦然心动，马上就分工干了起来。

在张衡的指导下，大家把天上的星星分成几个区，然后一颗一颗地数。硬是数出了2500颗星星，其中有名字的有320颗。其中不少是张衡命名的。科学已经证实，人的肉眼能看见六等以上的星体约有2500至3000颗。那时张衡对照着观测出的星体，反复修改天球图，认为准确无误后，才动手设计制造天体模型。

传说，有一天，他一大早起来就钻进书房，反复思考着天体模型图上的天球样子，不觉跨到院子里，听得妻子在厨房的问话，又不知不觉信步走进厨房。看到面案上堆着一团和好的面，旁边有一小碟芝麻。张衡盯着面案待了一会儿，忽然眉宇间透出一丝喜色。他洗了洗手，抓起一小团面揉了起来。妻子很奇怪，从来不做饭的丈夫，今天怎会做饭呢？妻子一问，他才猛醒似的说：“我是在做天体模型。”张衡说完手不停地揉面，搓揉成一个小面团，在芝麻碟里一滚，面团上就星星点点地沾上不少芝麻。他拿来一根筷子，从面团中心穿过，用手捏着筷子的两端，旋转面团。他喜笑颜开，对妻子说：“就是这个样，快来看！”他还向妻子解说道：“这个面团就好比是天球，上面的芝麻呢，好比是星星，筷子两端就是北极和南极。天球就是这样绕着北极和南极转，星星也同时跟着天球转。”妻子问：“天球转星星也转，咋能看出星星在移动呢？”

“问得好！”说着，张衡让妻子接过“天球”，自己用两手的拇指和食指围成一个平平的圆圈，套在“天球”外面，让“天球”的上半部在北极底下，下半部在南极上面，“你转转看，我的手指，就看作地平线。要是‘天球’上站着一个人，不论他站在什么位置，都是只能看地平线上面的半个天，而看不到地平线以下的那半个天。前些日子我们在灵台数星星时，就是先数了头顶上的，然后等下面的星星转上来，我们才数出来的。”妻子看出门道来了，忽然也有新发现，说：“这北极附近的星星转来转去，都永远在地平线以上，这……”张衡马上接着说：“那些星叫作常明星，我已经数过了，总共有 124 颗。”虽然仅仅是一段传说，却描述了张衡善于观察，敏于思考，勤于实践的科圣品质。

张衡又经过一年的设计、制作、实验、改进，天体模型终于诞生了。一个铜铸的球体，周长一丈四尺六寸一分，直径四尺六寸五分，装在一个倾斜的轴上，铜球可旋转。球面上刻着南北两极、经度纬度、赤道黄道及日月星辰，还有一个表示地平线的环。如果把铜球由西向东拨一下，刻在上面的星辰便从东方升起，又从西边落下，与实际情形相差无几。张衡将此仪器命名为“浑天仪”。它是世界上第一台能够比较准确地反映天象的仪器。

张衡又发现了问题，浑天仪转动，要靠手拨，而天上的星星却是自动旋转的。一天早晨起床后，他洗脸时，撩水时水流下作响。他眼前一亮，想起了聪明的铁匠师傅们在白河中筑了一条坝，提高了白河的水位，在急流中安装上水轮。湍急的水流冲击着水轮，水轮就日夜不停地转着，水轮上的铁轴带动别的机件，最后通过一根铁杆一来一往地拉动风箱，朝铁炉内鼓风。他立即把这个原理用到自己制造的浑天仪上。他把浑天仪安装在灵台一间房屋里，屋顶安放了一只特大的漏壶，这是一种计时工具。这漏壶的壶嘴是一条精雕细刻的玉龙，龙嘴有节奏地喷水，冲击水轮，水轮带动齿轮，齿轮连着浑天仪上的铜轴，于是，浑天仪自动旋转了。水流量计算得非常精确，浑天仪正好一昼夜转一圈，称之为“漏水转浑天仪”。《晋书·天文志》这样描述了张衡浑天仪使用时的情况：“张平子既作铜浑天仪，于密室中已以漏水转之，令伺之者闭门而唱之。其伺之者以告灵台之观天者曰：‘璇玑所加，某星始见，某星已中，某星今没’，皆如合符也。”张衡把浑天仪放在密室中，关闭门窗，利用流水的冲击力，带动浑天仪旋转。张衡在屋子里观看浑天仪上的天象变化，同时与在外面灵台上观测天象的人保持着联系，随时报告说：“某某星已从地平线升起，某某星已运行到天空正中，某某星已落下地平线。”一内一外实验证明，内外观测的结果完全一致。张衡所做的浑天仪是模拟现实天象中星体运行的仪器，而且能够达到很高的精确度，这在中国天文学史上是绝无仅有的。浑天仪的发明，不仅相当准确地反映了天象，使坚持“盖天论”的人心悦诚服地放弃了自己的主张，也震动了整个学术界，被誉为“学术上罕见的奇迹”。

张衡还创造了一种日历性质的仪器，叫“瑞轮荚”。“瑞轮荚”是浑天仪的附属仪器，“荚”是神话传说中的一种植物，据说它从新月开始，每天长出一片“荚”，直到满月，长满 15 片“荚”。此后，每天掉下一片“荚”，直到月末掉完，下月初又重新开始。“荚”的生长和脱落形成自然循环。人们就用这种自然现象来计算日月。这是个神话传说，可比这个传说更“神”的是张衡，他运用机械装置把它变成了现实，制造出“瑞轮荚”。这种装置是个轮状，利用水流转动轮子，从每月的初一起，每天转出一片荚；从每月的16日开始，每天又转入一片荚。所谓“随月盈虚，依历开落”。这种“瑞轮荚”的作用相当于今天的钟表日期显示，可记日和月。

4. 造地动仪

张衡制造“浑天仪”的第二年，早春二月的一个深夜，油灯下的他正埋头写作数学专著《算罔论》，猛然觉得房屋一阵剧烈的颤动。他抬头一看，桌上的花瓶“啪”摔在地上，他抬头四望，门窗、桌椅、立柜都摇摇晃晃。他马上做出反应，本能地喊了一声：“地动了！”急忙叫全家人跑到院子里。他跑出屋子，翻身上马，向灵台奔去。

张衡亲自带领官员到民间察看震情，在灵台接待外地报告灾情的信使。根据各地灾情，进行综合分析，得出了科学的结论，这是30年来最大的地震。地震刚过，他立即带人奔赴重灾区。他看到灾区到处断垣残壁，尸横遍野，景象惨不忍睹。他走到震中后，更让他吃惊，大地裂成两半，有一条大裂缝长一里多、宽丈余，滔滔洪水汹涌喷出，四下蔓延。张衡面对苍天，痛心疾首。在严峻的震灾面前，引发他又一个思索，能不能造出一种预报地震的仪器呢，那样会避免多大的伤亡和损失。有了新的研究课题，他开始了新的科研工作。

插图 4-4.1 复制的候风地动仪

地动仪是汉代科学家张衡的又一传世杰作。张衡所处的东汉时代，地震比较频繁，30多年间发生过26次大的地震。地震区有时大到几十个郡，引起地裂山崩、房屋倒塌、江河泛滥，造成了巨大的损失。张衡对地震有不少亲身体验，经过长年研究，终于在阳嘉元年（公元132年）发明了世界上第一架地震仪——候风地动仪，为及时知道发生地震和确定地震大体位置起到了一定的作用。

从公元92年起，中国连年发生地震，出现地裂、山崩等灾害。张衡对地震进行了刻苦钻研，大胆摸索。张衡又是全身心地投入新的课题研究，夜以继日，废寝忘食。他一次次地实验，广泛地翻阅材料，超负荷地工作，使他形销骨立。终于在阳嘉元年（公元132年），他54岁的时候，制作了世界上第一台能测报地震的地动仪叫“候风地动仪”。它比欧洲同类仪器早1700年。这是他在太史令任上的最后一项大作为。据《后汉书·张衡列传》记载：“以精铜铸成，员径八尺，合盖隆起，形似酒樽，饰以篆文山龟鸟兽之形。中有都柱，傍行八道，施关发机。外有八龙，首衔铜丸，下有蟾蜍，张口承之。其牙机巧制，皆隐在尊中，覆盖周密无际。如有地动，尊则振龙，机发吐丸，而蟾蜍衔之。振声激扬，伺者因此觉知。虽一龙发机，而七首不动，寻其方面，乃知震之所在。验之以事，合契若神。自书典所记，未有之也。”地动仪用精铜铸造，形似酒樽，直径约1.94米，高约2.72米。器内正中有“都柱”，也就是“摆”，周围有八条滑道，即“八道”，装有八组杠杆；樽体按东、西、南、北、东北、东南、西北、西南八个方向排列，铸八个龙头，分别对应“八道”。龙头口含铜丸，下蹲八只铜制蟾蜍，张口向上，对着龙口。它的原理和现代倒立式震摆相同。当地震发生，即使震中较远，震波传播速度较快，首先被仪器接收。在惯性的作用下，“都柱”就会倾倒，通过杠杆作用，龙口张开，铜丸随即落入下面的蟾蜍口中，发出响声，就测出了地震发生的方向。这台地震仪器构思巧妙，制作精密。据史书记载，它“验之以事，合契若神”，不仅可以测出近距离的地震，还可测出数千里之外的地震。

但是，这个伟大的成功带给张衡的并不是鲜花和颂歌，而是无法抗拒的诬蔑、诽谤和讥刺。当地动仪还在“母腹”中时，那些抱残守缺、冥顽不化的官僚就诅咒张衡“触犯天神，必遭恶报”，甚至向皇帝告了他的黑状。地动仪制造出来后，他们又接连上书，排斥、打击张衡。

公元138年，张衡在朝任尚书时，有一天早朝，文武百官班列两旁。汉顺帝说道：“众爱卿，可有什么事要向朕奏明？”这时，张衡走出班列，只见他鹤发童颜，趋步向前，跪下说道：“臣今早察知，京西方向发生了地动，那里必是房倒墙摧，江河横溢，生灵涂炭。万请陛下速派人员安抚，以救民于水火。”张衡原来在朝中任太史令、侍中，三年前因直言敢谏，被排挤出京任河间相，如今回朝被任为尚书。今天第一次上奏，就说出了一个惊天动地的大事，有人认为这对朝廷不吉利。况且此时外面天气很好，风和日丽，朗朗乾坤，哪有地动之灾的迹象？

张衡刚一奏完，就有官员走上前向顺帝上奏，说张衡被调任出京，对皇帝有怨，故而借机造谣惑上。顺帝一时拿不定主意，又问张衡说：“卿言西方有地动，有何根据？”张衡胸有成竹地说：“臣在家中亲自测得，三日之内必有驿报，若无此事，甘以欺君之罪受死。”满朝文武，疑惑不解。当日散朝无事，第二天仍不见消息。

插图4-4.2 复制的计里鼓车

计里鼓车是古代自动计算里程的车辆。外形为一辆车子，车上装有一组减速齿轮，与轮轴相连。车行一里时，控制击鼓的中平轮正好转动一周，便击鼓一次。

到了第三天，张衡一上朝，只见群臣悄无一言，个个敛声屏气看着张衡，大家目光中透露出惊疑。张衡看看皇上，顺帝脸上尚有愠怒之色，见张衡进殿，转怒为喜，立刻对张衡说道：“卿言西方有地动，刚才驿马来报，果真如此。卿学富五车，又敢直言，真不愧是朕的重臣，寡人特赐你黄绫五匹。”张衡连忙谢恩，群臣才松了口气。原来，第二天远离都城五百公里外的陇西（今甘肃省东南部）发生了地震，但洛阳人没有震感。根据科学分析，当时张衡的地动仪测出的最低震级应为3级左右。

那天，灵台的值班员忽闻地动仪“当”地响了一声，忙跑过去一看，原来地动仪西北方向的那条龙头吐出铜丸，落在蟾蜍口中。他不敢怠慢，赶紧向新任太史令报告，却遭到一顿斥责。两三天过去，并无地震动静，他也就把这事淡忘了。谁知，又过了几天，就在新任太史令还在向人大肆挖苦张衡和他的地动仪时，信使飞马赶到朝廷，报告说陇西地区前几日发生强烈地震。皇帝这才相信，满口夸赞张衡并赏赐黄绫。地震在陇西，位于洛阳西北，相距千余里，地动仪能精确灵敏地做出预报。

张衡发明创制的地动仪是人类历史上的首创，开创了地震科学的新纪元。他是人类从事地震学研究的先驱，是世界上公认的地震学鼻祖。

另外，张衡在机械制造方面也有杰出的成就。他利用机械原理和齿轮转动的作用，制造的“指南车”就是证明。

“指南车”由一辆双轮独辕车构成。车厢内是能自动离合的齿轮系统，车厢外壳上层设置了一木刻仙人，车子朝任何方向转动，那仙人伸出的手臂总是指向南方。张衡这一关于齿轮系统的应用和相对运动的原理，被西方学者赞为“一切控制论机械的祖先”。张衡创制的“计里鼓车”，用来计算里程。它利用车轮的转动，自动表示车行的里数。这和现代汽车上的里程表作用相同。此车为两层，都置有木人，车行一里时，下层的木人就击鼓一下；车行十里时，上层的木人就击镯一下。“指南车”和“计里鼓车”所用的差速齿轮原理，早于西方 1800 多年。

张衡创制的“独飞木雕”，模拟鸟类空中飞翔动作，设计出又宽又长的滑翔翼，腹内设置机械来控制双翼，能飞数里。这种发明比国外的机械飞行器早 1500 多年。他制造的“候风仪”，又叫“候风铜鸟”，是预测风向的仪器。与西方的“候风鸡”类似，但比西方早 1000 多年。

5. 名留史册

一个人的一生，能创造出两个世界第一，世界上第一台天球仪、世界上第一台地震仪，就足以使他名留科学史册了。然而张衡一生的贡献却远远不止于此，在数学领域、文学领域以至艺术领域，无不留下了他闪光的成绩。在传世名篇《应闲》《思玄赋》等文章中，他写下寄情志的名句：“君子不患位之不尊，而患德之不崇；不耻禄之不夥，而耻智之不博。”一个人不应担心自己的地位不高，而应担心自己的道德不高尚；不该为自己的收入微薄而羞耻，而应当为知识不广博感到耻辱。这是张衡高尚人格的真实写照。

张衡的机械制造硕果累累，在世界科学发展史上写下了辉煌的一页。

在偃师市有一处张衡当年工作过的遗址，就是张衡制造地动仪的地方，叫“灵台遗址”。灵台遗址位于偃师市冈上村和大郊寨之间。灵台是古代的国家天文台，是太史令的下属机构，它主要为朝廷提供天象观测和历表制定，对于农业占主导的封建时代具有非常重要的意义。这座灵台创建于东汉光武帝建武中元元年（公元 56 年），距今已有 1900 多年的历史。据史书记载，灵台形势恢宏，建制巨大，东西各

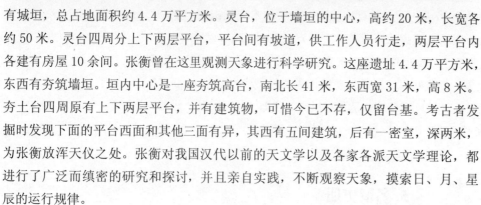

插图 4-5 东汉灵台遗址

灵台是东汉的国家天文观测台，也是当时最大的天文台，太史令下属机构，始建于东汉光武帝建武中元元年（公元 56 年），距今已有 1900 多年的历史，一直沿用到西晋，毁于西晋末年的战乱，使用时间长达 250 年。灵台遗址面积达 44000 平方米，南北长 41 米，东西宽 31 米，高 8 米。夯土台四周各有上下两层平台，中心为一方形夯土高台。张衡二次任职太史令后，亲自参与主持领导过灵台的天象观测和天文研究，他发明的地动仪就放在了灵台上。灵台遗址为我国古代天文学史的研究提供了重要实物资料。

有城垣，总占地面积约 4.4 万平方米。灵台，位于墙垣的中心，高约 20 米，长宽各约 50 米。灵台四周分上下两层平台，平台间有坡道，供工作人员行走，两层平台内各建有房屋 10 余间。张衡曾在这里观测天象进行科学研究。这座遗址 4.4 万平方米，东西有夯筑墙垣。垣内中心是一座夯筑高台，南北长 41 米，东西宽 31 米，高 8 米。夯土台四周原有上下两层平台，并有建筑物，可惜今已不存，仅留台基。考古者发掘时发现下面的平台西面和其他三面有异，其西有五间建筑，后有一密室，深两米，为张衡放浑天仪之处。张衡对我国汉代以前的天文学以及各家各派天文学理论，都进行了广泛而缜密的研究和探讨，并且亲自实践，不断观察天象，摸索日、月、星辰的运行规律。

张衡对浑天思想所做的系统研究和总结集中体现在他的著名天文学著作《灵宪》里。《灵宪》阐述了天地日月星辰的运动特点，算出了日月的角径，记录了在洛阳（当然包括灵台）观察到的 2500 多颗恒星，常见明星有 124 颗，叫得上名字的星星约 320 颗。这与近代天文学家观察的结果相当接近。张衡在他的《浑天仪图注》里，记载了他测出地球绕太阳一年所需的时间，是“周天三百六十五度又四分之一度”，这个数据和近代天文学家所测定的时间 365 天 5 小时 48 分 46 秒的数据十分接近。

20 世纪 50 年代张衡就被列为世界文化名人，国际上把他同伽利略、哥白尼、达尔文等著名科学家相提并论。1970 年国际天文学会将月球上的一座环形山命名为“张衡山”；1997 年又将太阳系中一颗编号为 1802 的小行星，命名为“张衡星”。为纪念张衡及其诞生地南阳，经国际小行星命名委员会批准，由中国科学院国家天文台于 1995 年 11 月 4 日发现的永久编号为 9092 号的小行星，被正式命名为“南阳星”。2003 年 6 月 14 日，国际小行星中心将新命名的“南阳星”正式向世界发布，得到了世界各国的认可。

在数学方面，张衡著有专著《算罔论》。他曾计算出圆周率为 3.1466，这个结果比欧洲早 1300 多年。

在地理学方面，张衡绘制出完备的地形图，标出了全国山川的位置和各地风俗。

在史学方面，张衡对《史记》和《汉书》提出了十几条修改意见。

在艺术方面，张衡被称为东汉六大画家之首。在游历中，他积累了山川河流、平野沃里等大量素材，并依此创作了艺术性很高的绘画作品。

在文学方面，张衡善写诗、赋、文、铭、赞、诰、诔、书、疏等各体韵散文辞。尤其是他写的诗，是我国七言诗由发展到成熟的一个标志，在中国文学史上起到了划时代的作用。他的《二京赋》是汉代大赋鸿篇巨制的佳作名篇。他的抒情小赋，为赋的发展开拓了新的途径。他的诗、赋在中国文学史上有着独特的地位和价值。

张衡具有政治家的远见卓识。他痛恶宦官的争权夺利、贪污贿赂；他不畏权势，疾恶如仇；他忧国忧民，品德崇高。

张衡在科学技术和文学艺术等各领域中所做出的杰出贡献，不仅是中华民族的光荣和骄傲，也是留给全人类的宝贵财富。张衡是世界上光彩夺目的科学和文学的“双子星”，是德才崇高、成果累累的“科圣”。

为科学事业奋斗终生的张衡，晚年心力交瘁，体弱多病。公元 139 年，这位人类史上罕见的伟大科学家永远离开了他魂萦梦绕的事业，终年 62 岁。

6. 张衡墓园

张衡墓园山水相依，草木葱茏，景色秀丽。科圣长眠于此，以天地为友，同草木为伴，静观着人世间的沧桑变化。

在张衡墓园西北 2 公里处，就是著名的“西鄂城故址”。在墓的东侧，有一座鄂城寺，宛北名刹。鄂城寺内有宋代石狮，还有一座保存完好的鄂城寺古塔。当年，这寺内诵经之声琅琅，香火不断，晨钟暮鼓，一派生机，如今是人们吊古论今的一个景观。在墓园的西边，沃野平畴，新修的公路南北贯通。

插图 4-6.1 张衡墓园

张衡墓园位于南阳市石桥镇小石桥村西北隅，占地面积 1600 平方米，由汉阙、山门、门房、拜殿、角楼、石像生、浑天仪、地动仪雕塑等建筑组成，建筑气势雄浑，庄严肃穆。历代许多著名文人墨客策马驱车到此访古寻幽，凭吊拜谒，崔瑗、夏侯湛、骆宾王、郑谷等都曾为张衡墓撰铭树碑，赋诗寄情。

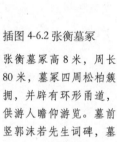

插图 4-6.2 张衡墓冢

张衡墓冢高 8 米，周长 80 米，墓冢四周松柏簇拥，并辟有环形甬道，供游人瞻仰游览。墓前竖郭沫若先生词碑，墓冢环砌青砖八棱形花墙，墓冢大门两侧，竖明嘉靖与清光绪年间的碑刻，并加盖了碑楼。

墓园的后边，绿色的农田中有一方砖石围砌的台子，台上立着一块石碑，上书“汉尚书张平子读书台故址”。相传，张衡幼年时，就在这里发奋读书、钻研学问。张衡墓园的具体位置在小石桥村西北约 300 米处的独山孤峰下，弯弯的泗水河和小洱河环绕着这片古柏森森的绿园。千百年来，这里不知吸引了多少人来此拜谒瞻仰，寻古探胜，寻根问祖，发古思之悠情。特别是那些文人贤士来到此处，总会留下珍贵的诗文题词。初唐诗人骆宾王在拜祭了张衡墓后，写了《过张平子墓》一诗：“西鄂该通理，南阳擅得音。玉卮浮藻丽，铜浑积思深。忽怀今日昔，非复昔时今。日落丰碑暗，风来古木吟。唯叹穷泉下，终郁羡鱼心。”此诗情真意切，表达了诗人对张衡才华横溢、丰功伟绩的敬仰之情。

岁月悠悠，张衡墓园曾经遭风雨的剥蚀、兵燹匪乱的严重破坏。其间虽有仁人志士修葺过，但终如晨星朝露，依然萧瑟寂寥。如今看到的是新中国成立后修葺整理、近年来又大力整修的新面貌。

走进张衡墓园入口，首先看到的是南端一对高大雄伟的汉阙。汉阙为砖石结构，屋顶为重瓦，阙身上部有斗拱和凤鸟，顶部檐下雕刻着一幅生活气息浓厚的画，两个顽童手抓屋檐嬉戏游荡，憨态可掬。过了汉阙，东西两侧各有面阔七间的门房，门房顶部各有一座望楼，东西对称。沿路北行就到了十字形曲桥上，东西通向牌楼和廊房，正北通向墓冢。沿中轴线继续前行，两侧的石像排列有序，往前是建造在自然台上的大拜殿，为园内主体建筑，仿汉形制，气势宏伟，体现了汉文化的深厚。大拜殿的东西两侧，是张扬科圣科研成果的巨大仪器模型，西侧是地动仪，东侧是浑天仪，雄伟高耸，是张衡伟大科学成就的丰碑。

登上台阶，走进大拜殿，迎面端坐的是张衡铜质塑像。张衡盘膝而坐，右手高举灯盏，左手放于膝上的竹简，双目投向竹简，专心阅读，凝神思索。塑像背后壁上书“不耻禄之夥，而耻之智不博”，准确地概括了张衡的人生追求。大殿内四周摆设了许多图片和实物，展示了张衡一生在科学、文学等方面做出的杰出贡献。

大拜殿的后面是墓园区。墓前有两座楼，东边的为明嘉靖四十三年碑刻，上书“汉尚书张衡公墓”；西边的为光绪八年碑刻。墓冢为黄土封丘，周围环绕八角花墙，墓高 8 米，周长 80 米，占地 5000 平方米。墓前一石碑，碑文为郭沫若所题，其中一句为：“如此全面发展之人物，在世界史中迹所罕见。万祀千龄，令人景仰。”站在这肃穆的墓冢前，不由使人生出万千感慨。张衡，不只是中国的，也是全人类的。

圣贤

第五章 医圣张仲景

第五章 医圣张仲景

一 当为良医

二 终成良医

三 破除迷信

四 治病出气

五 撰写医书

六 托梦建祠

五

医圣张仲景

1. 当为良医

东汉末年造成曹操 80 万大军惨败，这是家喻户晓的赤壁之战。其实赤壁之战中威胁曹军的另一个重要原因是疾病。据《三国志・武帝纪》中记载，建安十三年（公元 208 年）十二月，“孙权为备攻合肥。公自江陵征备，至巴丘，遣张熹救合肥。权闻熹至，乃走。公至赤壁，与备战，不利。于是大疫，吏士多死者，乃引军还”。看来这场“大疫”很厉害，迫使曹军后退，在曹与孙、刘的最初交战中，曹军严重受挫。

这种“大疫”是一种可怕的传染病，它不只使曹军的许多将士死去，而且还夺去了无数百姓的生命。特别是中原的洛阳和南阳地区，“大疫”更是肆虐。患者症状是突发高烧，伴之胸闷难忍，大咳不止，最后停止了呼吸。“大疫”横行之时，家家有僵尸，户户有哭声，甚至有全家而亡，举族而丧的悲惨情景。

南阳地处中原南部，山水秀丽，富饶一方，人文荟萃。汉光武帝刘秀就自称南阳人，所以，当时的南阳又称为“帝乡”“南都”，是仅次于都城洛阳的繁华城市。可是“大疫”横扫，使南阳山河变色，万户萧疏，十室九空。当时许多医生认为，这种病是人受了寒气而致，称为“伤寒病”。面对伤寒病，许多名医都束手无策。

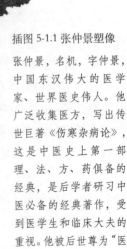

插图 5-1.1 张仲景塑像

张仲景，名机，字仲景，中国东汉伟大的医学家、世界医史伟人。他广泛收集医方，写出传世巨著《伤寒杂病论》，这是中医史上第一部理、法、方、药俱备的经典，是后学者研习中医必备的经典著作，受到医学生和临床大夫的重视。他被后世尊为“医圣”。

大灾大难中必出奇才。这时，南阳一位民间医生愤然而起，向“伤寒病”发起挑战。他开始研究伤寒病，并摸索其治疗方法。他就是邓州人张仲景。张仲景故里位于南阳郡涅阳县（今河南省南阳邓州市穰东镇张寨村）。

邓州市位于河南省西南南襄盆地中部偏西地区，在鄂、豫、陕三省交界处。这里有丰厚的文化底蕴，是豫西南一颗璀璨的明珠。邓州历史悠久，从出土文物证实，六千多年前就有人在此居住。约公元前 21 世纪，夏代仲康王封他的儿子在此建立邓国，后来成为商王朝的一个诸侯国。邓州的地理位置十分重要，历来为兵家必争之地，从春秋时代到明末，这里都曾做过军事要塞。邓州人杰地灵，名人辈出。东汉“二十八宿”中的贾复、杜茂、刘隆，南北朝时的政治家宗懔，唐代名将张巡，南宋名将王坚、明代贤相李贤、名臣李永茂，清代云南左布政使彭而述，雍正的老师彭师挎，台湾知府高叔祥等，均出于邓州。最负盛名的当属唐代大文学家韩愈、宋代名臣寇准、宋代文学家范仲淹，后人称之为邓州“三贤”。“三贤”中名声最大的是范仲淹，他在邓州写下了不朽名篇《岳阳楼记》。

而《岳阳楼记》名篇中最为出名的句子“先天下之忧而忧，后天下之乐而乐”，成为千古绝唱。不过，知名度最高并走向世界且名传千秋的当属汉代名医张仲景。

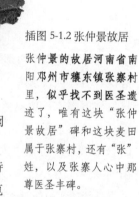

插图 5-1.2 张仲景故居

张仲景的故居河南省南阳邓州市穰东镇张寨村里，似乎找不到医圣遗迹了，唯有这块“张仲景故居”碑和这块麦田属于张寨村，还有“张”姓，以及张寨人心中那尊医圣丰碑。

张仲景生于东汉桓帝和平元年（公元 150 年），是汉桓帝刘志执政的年代。汉桓帝靠太监夺得了政权，太监专权，横行贪鄙，无恶不作，政治黑暗，朝政腐败。农民起义此起彼伏，兵祸绵延，到处都是战乱。黎民百姓饱受战乱之灾，疫病流行，很多人死于非命，生灵涂炭，横尸遍野。而官府衙门不想办法解救，却忙于争权夺势，发动战争，欺压百姓。张仲景生活在这样的社会环境中，心中从小就埋下了厌恶官场的种子。他轻视仕途，怜悯百姓，萌发了学医救民之愿。

张仲景出生在一个没落的官僚家庭，父亲张宗汉是个读书人，在朝廷做官。特殊的家境，使他从小就有机会接触到许多典籍，他笃实好学，读书成习。他在博览群书中对医学书籍情有独钟，以致成为他的酷爱。他从史书上看到扁鹊望诊齐桓公的故事，对扁鹊高超的医术非常钦佩。“余每览越人入虢之诊，望齐侯之色，未尝不慨然叹其才秀也。”这为他后来成为一代医学大师奠定了基础。

张仲景，名机。“机”，原为“玑”。传说在他满月的时候，张家全族百余口人都来祝贺，大家一看这个孩子长得眉目清秀，惹人喜爱，都赞不绝口。长辈们催着孩子的父亲说："这孩子聪明伶俐，可要起个好名字！"孩子的父亲低头略一沉思，抬头笑着说："我看单名就叫'玑'，父老以为如何？""珠玑"的"玑"，玑不就是珠子吗？闪光的名字。他的话刚落音，同族弟弟张伯祖拍着手说道："张玑，掌玑。好个张玑，真是咱们张家掌上的明珠啊！"于是，大家纷纷端起酒杯，为孩子有个响亮的名字干杯。张仲景的幼年时代，看到更多的是瘟疫流行。疫情轻时村村闻哭声，家家戴重孝；疫情重时则路断人稀，田园荒芜。汉桓帝延熹四年（公元 161 年），他拜同郡医生张伯祖为师学习医术。

张伯祖是张仲景的同族叔叔，是一位有名的医家。他性格沉稳，生活简朴，对医学刻苦钻研。每次给病人看病、开方，都十分精心，深思熟虑。经他治疗过的病人，十有八九都能痊愈，很受百姓的尊重。一天，邻村一农夫得了伤寒病，来请张伯祖看病，张仲景正巧在叔叔家里，便跟着叔叔去出诊。这位病人经叔叔医治很快就好了。张仲景看到叔叔高超的医术，心中赞叹不已，他抱着敬慕的心情问叔叔，"叔父你这么高的医道，是如何学来的？"叔叔笑笑说："我行医多年，悟出一个道理，那就是要想成为一个好医生，必须勤求古训，博采众方。"

"勤求古训，博采众方"八个字犹如一把钥匙，打开了张仲景求医学医的智慧大门。张仲景跟随叔父学医非常用心，无论是外出诊病、抄方抓药，还是上山采药、回家炮制，从不怕苦怕累。张伯祖非常喜欢这个学生，把自己毕生行医积累的丰富经验毫无保留地传给他。张仲景除了每天钻研医书之外，一有机会便跟随叔叔张伯祖外出治病，尽力观察以检验从书本上学到的医学理论，加深对医学理论的理解。晚上还求叔叔传授医术。就这样，在叔叔的指导和启发下，他读完了《内经》《难经》等著作，搜集了许多民间治病的验方。他决心做一个"上能疗君亲之疾，下以救贫贱之厄，中以保身长全"的好医生。十几岁的孩子立志学医、苦钻医术、治病救人的事很快在故乡传开了。

比张仲景年长的一个同乡何颙对他颇为了解，曾说："君用思精而韵不高，后将为良医。"意思是说张仲景才思过人，善思好学，聪明稳重，但是没有做官的气质和风采，不宜做官。只要专心学医，将来一定能成为有名的医家。张仲景笑了笑说："进则救主，退则救民，不能为良相，亦当为良医。"何颙的话更加坚定了张仲景学医的信心，从此他学习更加刻苦。他博览医书，广泛吸收各医家的经验用于临床诊断，进步很大，很快便成了一个有名气的医生，以至"青出于蓝而胜于蓝"，超过了他的老师。当时的人称赞他"其识用精微过其师"。

2. 终成良医

张仲景跟随叔父学医后刻苦研读各种医书，已达到了"学业有专攻"的境界。这正与他父母的希望相违，父母希望他走仕途之路，认为医术是巫术，学医就是追逐名利，攀附权势，医生是贱业，是耻辱，他们反对张仲景读医书、学医术。古时的人以不忠不孝为大耻，张仲景最终不愿违背父命，落一个不孝的名声。因此在灵帝时（约公元168—188年），他举孝廉进入官场。在建安年间（公元196—219年），被朝廷派到长沙做太守。

张仲景为实现自己学医救人的理想，孜孜不倦地学习。他不但苦心钻研古医学，而且更重视向老师学习，向一切有经验的人学习，并注重在临床实践中学习。他的几位老师无不被他专心致志的学习精神、虚心求教的学习态度、不耻下问的学风所感动，总是将自己家传或实践中得到的中医学秘技、秘方传授给他。即使他成为当地中医内科颇负盛名的医生，还是虚心求教。他听说襄阳有位外科王医生治疗疮痈搭背有绝招，人称“王神仙”。他就背起行囊，跋涉数百里前往拜师。到达后，他言辞恳切，恭敬有加，令“王神仙”尽释狐疑，将其秘方及所长倾心传授。

张仲景学问出众，医术超群，为人诚恳，不论贫贱，有求必应，造福乡梓。因而南阳老少尊卑对他都十分钦佩和尊重，年轻的张仲景已闻名全郡。汉代选拔人才没有考试制度，朝廷规定每年各郡首长可推荐一个德才兼备有声望的人做当地孝廉。有了孝廉资格就可出任地方官。孝廉是被推举出来的，所以又称为“举人”。汉灵帝时，张仲景曾被推举为孝廉，后来又任过长沙太守之职，成了一郡的最高行政长官。张仲景身居要职，却淡泊利禄，鄙视权势，憎恶官场角逐。他在长沙任上，身为地方最高长官，并没因繁忙的政务而耽误对医学的研究，仍用自己的医术为百姓祛除病痛。张仲景一有机会便深入民间体察民情，留心各种疾病的发生，搜集民间方剂以便诊病开方。闲暇时间，他就召见地方名医商讨医理，诚恳求教以融汇各家之长，丰富自己的医学知识。

东汉灵帝建宁四年（公元171年），社会动乱，连年混战，“民弃农业”，城镇村庄多成荒野，百姓颠沛流离，饥寒困顿。人祸不知尽头，又遭天灾。各地连续爆发了瘟疫恶疫，尤其是中原的洛阳和南阳、浙江的会稽（绍兴），是疫情的重灾区，“家家有僵尸之痛，室室有号泣之哀”悲惨图景，摆在了张仲景的面前。

据史书载，自汉献帝建安元年（公元196年），10年内有三分之二的人死于传染病，其中伤寒病占百分之七十。“感往昔之论丧，伤横夭之莫救”（《伤寒论》自序）。作为治病救人的医生，此情此景令张仲景心痛神伤，同时也更加坚定了他从医的志向。于是，他发奋研究医学，立志做个能解脱人民疾苦的医生，20岁的张仲景挑起了抗击伤寒病的重担。他自己的家族就是疫病的受害者，不到10年时间，仅张仲景自己家族的二百多人中，就有134人病死，而死于伤寒病的就有九十多人。他无限悲痛，更令他痛心的是能治伤寒病的医生已是“踏破铁鞋无觅处”了。大多数医生不肯探求医经，不学习新的知识，只靠家传，思想守旧，草率开方，不治大病。目睹村村举哀、户户号泣的悲惨景状，面对与族人一次次的生离死别，他一面潜心研究病情，苦钻医书，一面大胆实践，投入治病行动。他冲破森严的封建等级制度给老百姓治病。按当时官府规定，太守不可进民宅，不可随意与民交往。他冥思苦想了一个两全之策，既可按规定做官，又可按心愿为民治病。他择定每月初一和十五在大堂上为百姓诊治疑难疾病，并形成了惯例。四面八方的百姓在初一、十五两天，聚集于大堂门前，等待医病。张仲景成了我国历史上第一个“坐堂医生”。“坐堂医生”这个称号流传至今。东汉末年，张仲景看到朝政日非，民不聊生，特别是自己家乡疫病暴行，他毅然辞去太守之职，跃出宦海，返回故里。这一年他已 56 岁，他决心深究医学，终获卓越的成就。

有一天，他走到南阳白河岸边，看到有许多穷苦的百姓在饥寒中十分痛苦。再仔细观察，那些人的耳朵都冻烂了。从他们的表情和行动上看，耳烂给他们带来了难以忍受的疼痛。张仲景心中也非常难过，决心救治他们。

插图 5-2 张仲景坐堂行医塑像

这幅塑像在“医圣祠”内，描写张仲景官至长沙太守，当时伤寒等疫疾流行，为了拯救黎民百姓，公然打破官府清规戒律，坐在衙口的大堂上行医，为病人诊脉开方、办公行医两不误。张仲景“坐堂行医”成为千古佳话传颂于今。

张仲景回到家里，终于研制出一种治疗烂耳的特效药叫“祛寒娇耳汤”。可是来求医的人特别多，忙得不可开交。于是，他叫弟子们在南阳东关搭了一座棚子，架起大锅，在冬至那天开始看病熬药，向穷苦百姓舍药救伤。他的“祛寒娇耳汤”是这样配制的：在大锅里放入羊肉、辣椒和一些祛寒中药，加水煮熟，捞出揉碎，再用圆形面皮包成耳朵形状的食物，起名叫“娇耳”，下到烧沸的汤锅里，煮熟后分给那些耳朵冻烂的人吃。每人两个“娇耳”一碗汤，人们吃下后，浑身发热，全身血液畅通，两耳也暖和起来。吃了一段时间，冻烂的耳朵竟奇迹般地好了。

老百姓非常感谢张仲景，就在过年的时候仿照张仲景的方法来做“娇耳”，而且特意在大年初一的早晨，作为新一年的第一餐，家家如此，老少皆吃。这种“年饭”增添了新年的喜庆气氛，也表达了对张仲景的感谢。从此，老百姓年年过春节都有如此一餐年饭，家家包“娇耳”过年，逐渐形成了一个不可改变的民族习俗。不过，“娇耳”的名称也由药名逐渐食物化了，演变成了“饺子”，有的地方叫“扁食”。

最能体现饺子本质意义的是老百姓每年的冬至这一天必吃饺子。“吃饺子一冬不会冻烂耳朵。”虽然大家不相信饺子有这样的功能，但饺子不但成了中国人的风味美食，而且也蕴含着人们对张仲景的纪念之意。

3. 破除迷信

张仲景返乡之后，开始了他攀登医学高峰的新里程。他的医术越来越精，名声越来越大。他的伟大在于以关心民间疾苦为人生基石。

有一年夏天，张仲景到桐柏山采药，路过山下一个小村，村里传来阵阵哭声。一打听，原来此村正闹瘟疫，死了不少村民。有一户人家老两口只有一子，儿子得了瘟疫，不省人事，老人为此痛哭不已。乡亲们都束手无策。有人说："要是南阳那个张仲景来了，孩子就有救了。"碰巧张仲景跨进门来。他说："老人家，不要哭，我来给你儿子治病。"大家便马上让座，张仲景立即上前给病人号脉观察，之后沉思片刻说："他得的是伤寒症。因耽误了时间，病已入内，热积肠胃，便已闭塞，吃点凉药，通通大便，把病邪泻出来就好了。"病人按方用药，孩子的病很快就好了。此事一下传开了，许多人都来看病，张仲景治好了这里所有的患者才走。走后，人们才知道他就是有名的医生张仲景。

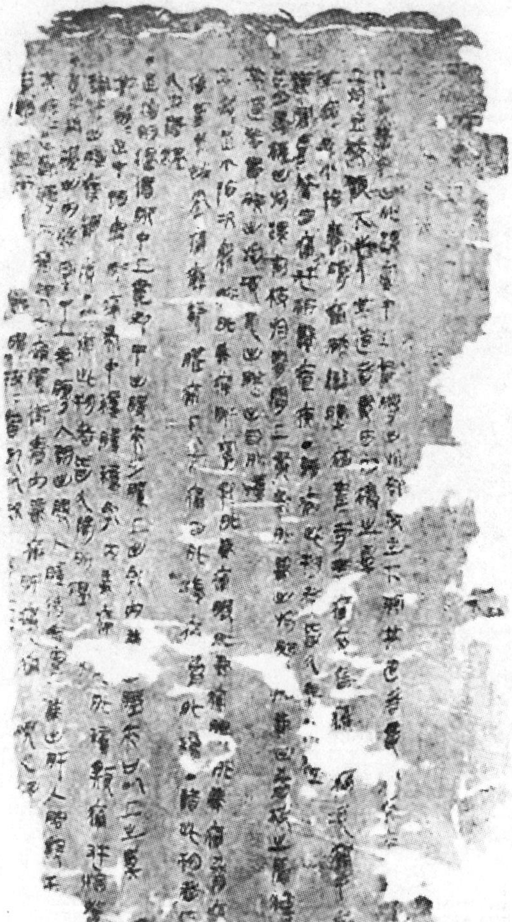

插图 5-3.1 帛书《足臂十一脉灸经》

《足臂十一脉灸经》于1973年于长沙马王堆三号汉墓出土，同时出土的还有《阴阳十一脉灸经》。两种帛书的出土，揭开针灸经络起源的神秘面纱，是迄今发现最早的、较全面记载了人体十一条经脉循行路线及所主疾病的著作。并且两帛书所记载的治疗方法仅有灸法。《足臂十一脉灸经》书中以"足"表示下肢脉，共有6条；以"臂"表示上肢脉，共有5条。这11条脉的排列顺序是先足后手，循行的基本规律则是从四肢末端到胸腹或头面部。主治疾病有78种，这一古老帛书的记载，使中国早期经络的形态、走向、所主病症的种种推测，有了较为可靠的依据，诸多的谜团有了破解的可能；为针灸经络医学家苦苦寻觅的针灸经络的发展源头，揭开了神秘的面纱，折射出夺目的光芒。

张仲景走到哪里就行医到哪里，他的医术越来越精湛，看病出神入化、出方炉火纯青。有一个故事传为奇谈。晚年的他到京师行医时，曾遇到著名的文学家王粲。王粲是"建安七子"之一，被誉为"七子之冠冕"。这时的王粲正是二十多岁的青年。张仲景见到他，一看便告知他身上有病。年轻气盛的王粲不相信。张仲景便告诉王粲，这种病到40岁时才发作，症状是掉眉毛，眉毛掉完之后半年就会死去，并让王粲赶快服用"五石汤"。王粲听后认为这简直是胡说八道，便不以为然。3天后张仲景又见到王粲，看了看他的面色说："你没有按我的要求吃药，你为何如此轻视自己的生命呢？"王粲哪里会相信，仍然执迷不悟。20年后，当王粲40岁时，果然开始掉眉毛了，他很后悔，但为时已晚。又过了187天，王粲就死去了。

不满足于已有知识的张仲景，只要听到哪有好医生或好的方剂，他都不顾远近，不怕劳苦，赶去求教，虚心学习。他有一好友宁远，在郡府里当书办。一天他俩谈话时，张仲景突然十分惊奇地看着宁远的脸，一直不说话。宁远问是何故，张仲景马上给他诊脉，然后说："你患了消渴之症，现初发不易觉察，3个月后就会头痛难眠，尿量增频；6个月后就饥渴难忍，小便浓稠；一年后便会背发疽疮而死。现在幸早发现，还可治疗。"随后给宁远开一药方。宁远从张家出来，心想："人们都说医生爱大惊小怪，故弄玄虚，想不到仲景也学会这一套。我且不吃他的药，等将无病时，和他开个玩笑。"于是便将药方随手撕碎。3个月后，宁远果然感到头疼失眠，尿量也增多了，但粗心的宁远并未在意。6个月后，又出现了新症状，饥渴难忍，小便变浓变稠。宁远慌了手脚，忙去找张仲景。张仲景见状，长叹一声说："毒已入内，气血全消，非人力能挽回，早日准备后事吧！"宁远回到家无比愁闷，但转而一想，反正6个月难免一死，倒不如趁此机会去游山玩水，快乐半年岂不惬意。宁远主意已定，到郡府辞去职务，变卖了田产，独自寻访名山大川去了。他听说茅山有一道士医术神通，无病不治，只是不肯轻易给人看病。宁远心想，不如顺便到茅山一访，或可求得老道大发善心。于是，他直奔了茅山。

一年之后，宁远奇迹般地出现在张仲景的面前。张仲景看他气色极好，脉息平和，面带生气，大惊道："你一定是遇到神人了！"宁远就把自己到茅山求道士看病的事一五一十地讲给张仲景听。张仲景大为感慨："真是天外有天，我的医术还差得远。"说罢，就焚香面对茅山方向拜了三拜，然后对家人说："我不能错过机会，我决心去茅山拜师学医。"张仲景便离开了家乡，往茅山深处走去。

插图5-3.2 张仲景行医治病救人图

张仲景"勤求古训"，学习和总结前人的理论经验，用针刺、灸烙、温熨、药摩、坐药、洗浴、润导、浸足、灌耳、吹耳、舌下含药、人工呼吸等多种治疗方法，广积资料，深入研究，经过几十年的刻苦探索把众多的病人从巫术迷信中解脱出来，用自己创造的新医疗方法，救治病患者。

那时民间盛行迷信巫术，到处有巫婆和妖道借治病之名坑害百姓，骗取钱财。不少穷人得病，不求医却找巫婆和妖道降妖捉怪，用符水治病，多少无辜的生命被病魔夺去，落得人财两空。张仲景十分痛恨巫医、妖道，遇到他们装神弄鬼，必出面劝阻，理直气壮地和他们争辩，用医疗实效来驳斥巫术迷信。

有一次，出诊时他遇见一妇女，哭笑无常，疑神疑鬼，便向她家人询问。妇人的家人告诉张仲景她是恶鬼缠身，正要请巫婆"驱邪"。张仲景仔细观察病人的气色和病态，又了解了病人的相关情况，说："她根本不是鬼怪缠身，而是受了刺激造成'热血入室'。她的病完全可以治好，不可让巫婆耽误治病，否则病人会有性命危险。"病人家属像见到救星一样，要张仲景治病。张仲景再次认真观察了病人，然后取出银针，给病人扎了几针。几天后，张仲景再去观察病人病情，见那妇女疑鬼疑神的症状消失了。张仲景又为她扎了几次针就痊愈了。从此，张仲景的名声大了，特别是那些穷人们生了病，不再信巫医，而找张仲景。张仲景解救了许多穷苦人。

为了能使更多的病人从巫术迷信中解脱出来，张仲景刻苦探索，创立了许多新的医疗方法。一次，有个病人大便干结，吃不下饭，身体虚弱。张仲景仔细做了检查，确诊为高热所致。张仲景经过慎重考虑，一改用泻药治便秘的方法，决定做一种新的尝试：他取来一些蜂蜜并将它煎干，捏成细长条，制成"药锭"，慢慢地塞进病人的肛门。"药锭"进入肠道后，很快溶化，干结的大便被溶开，大便畅通，排出热邪，病情立解。这就是我国医学史上最早使用的"肛门栓剂通便法"，此法和原理至今还被临床采用，并拓展到其他一些疾病的治疗。

4. 治病出气

一次，张仲景在路上见许多人围观，上前一看，一名男子躺在地上，好像已无生命体征，几个妇女在旁啼哭。他一打听，原来那人因穷困走投无路而上吊。张仲景就问上吊的时间，还好时间并不太长。他让众人马上把那人移到床板上，盖上棉被保暖，再找两个身强力壮的年轻人，一面按摩死者的胸部，一面拿起其双臂，一起一落。张仲景亲自叉开双脚，蹲在床板上，用手掌抵住那人的腰部和腹部，随着手臂起落，有节奏地一松一压。不到半个时辰，那人终于有了微弱的呼吸。持续往复，那人终于清醒过来。这就是最早急救中的"人工呼吸"。

中医看病都非常重视"辨症施治"，就是要运用各种诊断方法，辨别不同的症候，对病人的生理特点及时令节气、地区环境、生活习俗等因素进行综合分析，找出病因，以此确定治疗方法。张仲景根据自己的积累、科学的总结，对这一中医理论加以完善，并整理成一个体系，运用到自己的临床实践中，收到了良好的效果。

一天，有两个病人登门求医，张仲景询问症状，都说头痛、发烧、咳嗽、鼻塞，是淋雨而病。张仲景切脉确诊为感冒，开药麻黄汤，以发汗解热。第二天，一个病人家属早早来找张仲景，说病人服药出了大汗，但头痛更厉害了。张仲景听后以为自己诊断有错，赶紧到另一个病人家里观察，病人说服药后出汗，病除大半。张仲景觉得奇怪，为什么同样的病，服相同的药，疗效却不一样呢？他仔细回忆昨天切脉的细节，猛然醒悟，给第一个病人切脉时，其手腕上有汗，脉较弱。病人出汗，再下药发汗，反而使病人更加虚弱，病情加重，在所难免。而第二个病人手腕上无汗，下药发汗，正当其时。张仲景为自己在诊断中的粗心而后悔。他立即给病人重新开方抓药，结果病人很快便好转了。

这件事给他留下了深刻的教训，医生需要根据实际情况运用各种治疗方法，不能一成不变。在"辨症施治"方针的指导下，他的医术大大提高，技艺超群。张仲景行医到过很多城市，接触过许多政治家和文学家，这些人对张仲景都很敬重。

南阳有一任府台，是当时南阳地区的最高行政长官，此人不但不为百姓着想，还干了很多坏事，民愤很大，老百姓总想找机会出口恶气。没想到是他们最尊敬的名医张仲景为他们出了这口气。

有一年，府台的宝贝女儿得了病，遍求名医，数月不治，即请名医张仲景。偏巧张仲景为伤寒病行医在外，只有儿子在家。儿子常年随父学医，也是知名郎中。府台只好把他请到府衙。

张仲景儿子询问了小姐的病情，然后诊脉。那时候，年轻郎中给女子看病不可见面，只能从帏帐中牵出一根红线，一头拴在小姐的中指上，一头让张仲景的儿子拉着，放在耳朵边静听。他仔细听了一阵，突然哈哈大笑说："恭喜大人！小姐没有啥病呀，他是喜脉！府台大人快要当外公了！"这下他惹祸了，府台一听气得浑身乱颤，大叫："混账东西！一派胡言，快把他赶出去！"家人一拥而上，把他痛打一顿，赶出了府门。原来府台的女儿还是个没出阁的姑娘。

晚上，张仲景回家，听了儿子说的情况，心中十分气愤。儿子说确确实实是怀孕，已经六七个月啦。张仲景沉吟一下说："明天我去找他！"第二天，张仲景让邻居相陪，带着礼品，来到府衙，正赶上全城名流绅士和府台议事。张仲景上前施礼说："不肖之子医理不明，口出不逊之言，望大人海涵！今天，一来赔礼道歉，二来我要亲自给令爱诊脉医病！"天下名医上门行医，府台大喜，忙说："贱女区区小恙，何劳先生大驾呀！"说着就要设宴款待。张仲景说："先给令爱诊病要紧。"府台忙叫佣人把女儿请出来。

插图 5-4 村医图（北宋末南宋初李唐绘）

《村医图》为风俗人物画，描绘郎中即村医为村民治病的情景。树荫下一村民袒身，老农夫和一少年紧抓他双臂。病者圆瞪双目，有其他人伸出的大腿踩住，他嘴张开大叫，郎中用艾火熏灼其背，一人在郎中背后拿膏药窃笑。画家用纤巧清秀的笔法，表现人物的形态，造型准确，用笔细劲精致，毛发晕染，一丝不苟，显示出画家对生活的深入、观察的细微、体验的丰富。捕捉住在灸艾治疗中的紧张情节，朴实无华的描绘，小中见大，寓意深长。李唐，北宋末南宋初画家，河阳三城（今河南省洛阳孟津）人。擅画山水，兼工人物，笔墨峭劲。

张仲景观察那女子气色，心中明白了几分。暗用右手的小姆指甲剜了一点药，藏在宽大的袖中，然后端坐给小姐号脉。

张仲景一抚脉，果然此妇有孕六七个月啦！就对病人说："张开嘴巴，看看舌苔！"小姐刚张开嘴，他就弹动右手小拇指，把药弹进小姐嘴中，又叫端来开水，小姐喝了。张仲景这才笑呵呵地对府台说："药到病除，送令爱到耳房观察，一会儿就会好的。"

府台十分感激，摆上酒宴招待。他刚端起要给张仲景敬酒，耳房边传来了小姐的呻吟声，府台诧异，张仲景说："这是药力到了，你放心，令爱顷刻就会痊愈的！"

话音未落，只听哇哇的婴儿哭声从耳房传来。府台和夫人惊呆了，一时羞得面红耳赤，恨不得钻到地缝里去。那些绅士名流也惊奇地你看看我，我看看你，交头接耳暗暗发笑。

张仲景拍案而起，哈哈大笑，指着府台说："现已真相大白，你们口口声声礼义廉耻，干的却是男盗女娼呵！"府台和夫人听了，气得晕了过去。张仲景为百姓们出了气，高高兴兴地回家了。

5. 撰写医书

张仲景从"勤求古训"中不断吸收前人医学知识，"博采众方"，广泛搜集古今治病的有效方药。他对民间常用的针刺、灸烙、温熨、药摩、坐药、洗浴、润导、浸足、灌耳、吹耳、舌下含药、人工呼吸等传统方法一一研究，广积资料。在几十年的中医学习和实践中，收集了大量资料，积累了自己的临床经验和大量民间方剂，为他著书立说奠定了基础。

东汉建安十年（公元 205 年），张仲景开始撰写准备已久的医学著作。可这时候的东汉王朝四分五裂，动荡不安，民不聊生。张仲景为避战乱，只得到岭南隐居起来，专心研究医学，撰写医书。到建安十五年（公元 210 年），终于写成了划时代的临床医学名著《伤寒杂病论》，共 16 卷。经后人整理成为《伤寒论》和《金匮要略》两本书。中国古代有四大中医经典著作：《黄帝内经》《神农本草经》《伤寒论》和《金匮要略》。张仲景的医学著作就占两部。《伤寒论》和《金匮要略》合在一起又叫《伤寒杂病论》。为何又分成两部呢？这有一段传奇的故事。

插图 5-5.1 张仲景塑像

此尊塑像在"医圣祠"内。张仲景"勤求古训，博采众方"，刻苦研读《素问》《灵枢》《八十一难》《阴阳大论》《胎胪药录》等古代医书，继承《内经》等古典医籍的基本理论，广泛借鉴其他医家的治疗方法，结合个人临床诊断经验，研究治疗伤寒杂病的方法，并于建安十年（公元 205 年）开始撰写《伤寒杂病论》。到建安十五年，终于写成，全书 16 卷。经后人整理成为《伤寒论》和《金匮要略》两本书，该书被奉为"方书之祖"，张仲景被誉为"经方大师"。

张仲景凝聚了自己毕生的心血，完成了医学专著《伤寒杂病论》，并约于东汉建安二十四年（公元 219 年）去世。至十几年后晋代，有一个宫廷名医太医令叫王叔和。他医术高明，医道精湛，对医书有特别的关注。有一次王叔和在翻阅医书时，偶然看到一部医书，虽然已是断简残章，但读后却耳目一新。作者论述精辟，见解独到，有拨云重见天日之感。可惜此书是抄在竹简上，竹简的连接绳子断了许多，因此文字的顺序打乱了。经过整理、辨认和研究，王叔和确认这就是张仲景的《伤寒杂病论》。王叔和利用太医令的身份，怀着激奋的心情，到处寻觅《伤寒杂病论》的另外抄本。功夫不负苦心人。王叔和最终搜集了此书中关于论及伤寒病的全部内容，并整理成册，定名为《伤寒论》。此书 5 万多字，分为 10 卷，内有治疗方法 397 条、医方 113 个。在没有纸张和印刷的条件下，《伤寒论》以手抄本的方法传播，民间的口头传播也很广泛。

到宋仁宗时代，翰林院有一翰林学士叫王洙，他也是爱书之人。他在书库发现了一本竹简，已被虫蛀，即"蠹简"，书名叫《金匮玉函要略方论》。书中有与《伤寒论》相同的内容，有论述杂病的内容。当时的名医林亿等一些人经考证、整理，删去与《伤寒论》相同的内容，出版了《金匮要略》。此时距张仲景去世已八百余年了。此后《伤寒杂病论》成了中医的传世经典。此书详细地阐述了对伤寒病诊断和治疗的独到见解，对以前中医学说中的阴阳五行学说做了新的解释，系统地阐发了祖国医学理论、诊断和治疗的原则。这些原则成为后来中医的准绳，是我国最早理论联系实践的临床诊断治疗的专著。

在《伤寒杂病论》里，张仲景系统地分析了伤寒的原因、症状、发展和处理方法，创造性地确立了对伤寒病“六经分类”的辩证施治原则，奠定了理、法、方药的理论基础。书中共记载药方269个、药物214味，基本概括了临床各科的常用方剂。这些方剂的药物配方十分精练，主治明确，为中医方剂学的发展提供了依据，被世代医家赞为医方之祖。名医华佗读了这部书，连连称赞说：“此真活人书也。”喻嘉言高度赞扬说：“为众方之宗，群方之祖。”“如日月之光华，旦而复旦，万古常明。”历代医学专家对这部著作加以注释，研究者有千余家。

插图5-5.2 张仲景著书立说图和《伤寒论》书影

张仲景广积资料，经过几十年的奋斗，收集了大量资料，融汇自己丰富的临床实践，公元205年左右写出了《伤寒杂病论》16卷大行于世。此书为集秦汉以来医药理论之大成，并广泛应用于医疗实践的专书，是我国医学史上影响最大的古典医著之一，也是我国第一部临床治疗学方面的巨著。《伤寒杂病论》发展并确立了中医辨证论治的基本法则，为诊疗一切外感热病提出了纲领性的法则，同时也给中医临床各科找出了诊疗的规律，成为指导后世医家临床实践的基本准绳。

早在唐代，张仲景的中医学著作就被翻译并流传到海外，成为许多亚洲国家的医学根源。日本对张仲景的学说推崇备至，其医学界运用现代科研手段，对张仲景方剂逐一进行严格检验。他们惊喜地发现，虽经两千多年，张仲景的方剂仍有巨大的实用价值。

在中国，自东汉以来，医学无论有多少流派，但张仲景都是他们唯一的“宗师”。唐宋以来，张仲景被尊为“万世医宗”，像文圣孔子一样，受到最高推崇。张仲景的圣名是人民群众爱戴的尊称，因而具有鲜明的人民性。从他的许多有代表性的方剂中也可看出，他对一切疾病的治疗都是以简便、实效为立法原则。这其中就深含着医圣体恤百姓、造福百姓的殷殷仁德之心。

6. 托梦建祠

张仲景在岭南完成《伤寒杂病论》后仍专心研究医学，直到东汉建安二十四年（公元219年）与世长辞。公元266年，司马炎取代曹魏政权建立晋，是为晋武帝，定都洛阳，史称“西晋”。公元279年，晋武帝司马炎灭掉东吴而统一天下。直到西晋太康六年（公元285年），这时距张仲景去世六十多年，后人才将张仲景的遗体运回故乡河南南阳安葬，并在南阳修建了医圣祠和仲景墓。

南阳市区东关的温凉河畔，耸立着具有汉代艺术风格的建筑群，古朴典雅，巍峨壮观，博大雄浑。正门上方书“医圣祠”三个大字熠熠生辉，为郭沫若先生于1952年所题。说起医圣祠的修建，有一个传说。

中国古代纪念过世之人最主要的方式是修墓建祠，张仲景的祠墓缘于何时不得而知，后来墓已无踪影。故事发生在明代崇祯年间，那时有一个廪生叫冯应鳌，他是河南省豫东平原兰考县人。冯应鳌不幸得了可怕的伤寒病，病情日渐严重，多方求医，毫不见效。

一天夜里，冯应鳌恍惚之间，看见一个人姗姗来到病榻前。那人黄衣金冠，慈眉善目，仙风道骨。他用手抚摸冯应鳌的全身，冯应鳌顿感全身血脉通畅，四肢舒展，顿时病好如初。于是冯应鳌忙问道：“不知是何方神人，为何来救我？”那人说：“我是张仲景，乃长沙太守。今来救你，也有求于你。”冯应鳌说：“请神人讲来。”张仲景说：“我的墓冢岁久湮没，已夷为平地。在南阳府东四里许有祠，祠后77步即是。请你重新起墓建祠，以补我心中之憾事。”说完，身影飘然而逝。

插图 5-6.1 医圣祠

医圣祠位于河南省南阳市温凉河畔，坐北朝南，占地约17亩，其始建年代无确考，后经明、清多次扩建。现大门仿汉建筑，一对子母官阙耸立，气势宏伟，金碧辉煌，官阙上的彩绘朱雀傲视蓝天，翩翩欲飞。医圣祠以其丰厚的医学文化内涵，展示了中华文明的悠久历史和炎黄子孙的勤劳智慧，铭刻着人类与疾病做斗争的拼搏精神。

冯应鳌大病初愈，梦中之事宛如眼前，为遂医门圣人张仲景之愿，感谢救命之恩，急忙赶到南阳。他不顾千里跋涉之劳顿，即按梦中医圣张仲景所嘱地址寻觅张仲景墓冢。他先到南阳城东的一座庙内，看到庙内有众多画像，皆历代名医。突然，他眼前一亮，看到一座画像就是梦中之人，画像下面端然写着“张仲景”。他向当地百姓问询，有人告诉他，这里原来有一座古墓，墓前立有石碑，后来石碑被人推倒，古墓掩于荒草之中，渐为平地了。

冯应鳌马上找这块田地的主人。找到之后把自己梦中之事说给他，请求买下这块地来为医圣张仲景建墓。但人家却认为梦中的事很离奇，谢辞了冯应鳌的请求。冯应鳌并没有灰心，他又想出了一个办法，请人刻了一通石碑，碑文上记述了他梦见张仲景以及寻找张仲景墓冢的经过，此碑命名为“灵应碑”，应验梦中之事的意思。数年后，那块土地的主人挖井时，挖出一块石碑，碑文是“汉长沙太守医圣张仲景墓”。这时，大家才相信当年兰考人冯应鳌所述梦中之事。消息传扬出去，为之轰动。为医圣建墓修祠，成了当地百姓的心愿。

到了清代顺治十三年（公元1656年），南阳府丞张三异，为了完成冯应鳌的夙愿，也为了实现南阳百姓的心愿，发动了一场募捐活动，终于建造了一座“医圣祠”。此时，兰考那位做过神人之梦的冯应鳌，也在清朝的科举考试中一举中榜，做了河南叶县的训导。他知道了张仲景祠墓已修建，便专程赶往南阳拜谒，并且重刻了一尊“灵应碑”。

传说故事里往往有历史的影子，医圣祠的始建年代虽无确考，但后来经过明、清两代多次修复扩建，却是历史事实。

医圣祠大门布局严谨，气势辉煌，门前有一对“子母阙”，高大雄伟。高的叫母阙，低的叫子阙，二阙组合，营造出母抱儿的意境。阙身下镶嵌着一对朱雀，面南而立，呈展翅欲飞状，象征着方位和吉祥。在宏伟壮丽的金色琉璃瓦的衬映下，正门上方的“医圣祠”三个大字苍劲有力。朱漆大门上，装饰的是老虎嘴中的一圆环，它叫“铺首衔环”，为青铜制品，重约300千克，是世界上分量最重的“铺首衔环”，它象征着神圣和庄严。门庭内迎门而立的是一块巨大的石屏，又叫照壁，是由一块完整的石料制成的，长3.5米，高亦为3.5米，重6吨，是当代碑林一绝。照壁的正面刻写着《张仲景传》，是已故著名中医黄竹斋先生所撰写。文中生动地描述了张仲景辉煌的一生，阐述了他对中国中医事业的伟大贡献。照壁背面刻写着《伤寒杂病论序》，序言陈述了张仲景走上医学道路的原因。庭院中一座高大雄伟的医圣塑像突兀耸立，张仲景凝眉深思，忧国忧民之情溢于眉宇之间，令人肃然起敬。

插图 5-6.2 医圣张仲景墓

张仲景墓原为砖石结构，上建墓亭，经多次修葺，墓旁有晋咸和五年（公元330年）立“汉长沙太守医圣张仲景墓”碑一通。后墓冢、墓碑俱毁。明崇祯五年（公元1632年），园丁掘井复得墓碑，遂恢复墓冢，并盖墓亭保护。现存墓冢方形仿汉砖石结构，墓基青石砌，基上汉砖砌阶梯，顶放一青石雕莲花台，墓四角各嵌青石雕羊头。

院子两边的长廊中，为历代名医的石刻群像，星光灿烂，闪烁光芒。有的长须拂胸，慈眉善目；有的肩背药锄，辛勤采药；有的仰天昂首，探求医道；有的清癯冷峻，透露出灵秀聪睿。春秋时秦国名医医和、魏晋名医王叔和、与张仲景同时代的华佗、明代名医李时珍等，组成了一幅中华民族医学的精英图，展示了博大精深、神奇莫测的中医成就，是中华儿女的骄傲。

祠后是医圣的长眠之地，墓前有一石碑，高8尺，为清代顺治十三年（公元1656年）南阳府丞张三异所立，上书“东汉长沙太守医圣张仲景之墓”。墓为正方形大理石墓基，汉砖砌成，四角镶嵌羊头，寓意吉祥，花墙环绕，凉亭盖顶。墓顶的莲花座象征张仲景“出淤泥而不染”的高尚医德医风。墓前建有拜殿，后为墓亭，各种拜谒祭祀活动均在此进行。

医圣张仲景在医学上取得的伟大成就，举世瞩目。世界古代文明中，只有中华文明纵横5000年而经久不衰；在人类文化遗产的宝库中，张仲景的学说具有深刻的人民性、世界性和科学性。千百年来，华夏子孙为医圣而骄傲。医圣祠以其丰厚的中医学文化内涵，向世界展示了中华文明的悠久历史和中国人民的勤劳和智慧。

张仲景的医学名著《伤寒杂病论》，为我国中医病因学说和方剂学说的发展做出了巨大贡献。该书被后人奉为“方书之祖”；后人研究张仲景的医理，敬仰他的医术和医德，称他为“医圣”。

诗圣杜甫

第六章

圣贤

第六章 诗圣杜甫

六

诗圣杜甫

1. 南瑶湾

杜甫的“诗圣”桂冠来自皇帝的赞语。有这样一个民间传说：杜甫在战乱中流落到成都，颠沛流离，疲惫不堪，一天他来到成都浣花溪畔一所破草房里，又累又饿，刚一坐下，就昏昏睡去。醒来时，他的面前放了一碗小米饭，黄澄澄，香喷喷，他随即狼吞虎咽地吃完了。这时他才想到这碗饭是谁送来的，突然传来笑声，扭头一看，门口站着一位美丽的姑娘。还没等搭话，便拥进来一群人，原来是附近的村民。他们听说大诗人流落到此，特来相邀。从此，杜甫与那里的父老乡亲常来常往，乡亲们不时为杜甫送粮送菜。两年后杜甫返回京城，皇帝看到他红光满面，很惊讶地说：“爱卿原来病弱的身子到处流离却变得如此健壮，真成‘诗神’了。”皇帝的夸赞传到民间，传来传去，把“诗神”传成“诗圣”了。

其实杜甫的“诗圣”是历史和后人对他现实主义诗作的赞誉和肯定。他的家乡河南巩县（今河南省巩义市）也因此成为人们心驰神往的圣地。

巩义市在河南省中部，坐落于省会郑州与九朝古都洛阳之间，南有巍巍嵩山，

插图 6-1.1 杜甫诞生于笔架山下

笔架山，一座不高的山丘，远远望去宛如文房桌案上的笔架，形态酷似而得名。笔架山，位于杜甫故里巩义市站街镇南瑶湾村，山虽仅 30 多米高，却孕育出了一座唐诗的高峰，见证了一代诗圣美好的童年生活。山北遥见黄河滚滚东去；山脚前不远处树丛里是杜甫的洗砚池，虽几欲枯竭，但诗圣的诗却千年不竭。笔架山、洗砚池留下了许多杜甫不朽的传说。

北有浩荡黄河。巩义过去为巩县，因“山河四壁，巩固不拔”而得名。据先秦典籍记载，伏羲、神农、黄帝、尧、舜、禹、汤都曾在这里活动。传说中的后羿射日、嫦娥奔月就发生在巩义市西南的訾殿一带；炎黄会盟筑坛沉璧处在伊洛河入黄河的神都山下；伊洛河与黄河汇合处又是河图洛书出现的地方；伏羲画八卦的遗址在河洛镇古洛口的伏羲台；汤王不惜焚身求拜的圣地在古桑林鲁庄；在芝田洛河之畔，当年正在牧马的曹植遇见了美丽的洛神宓妃……既有裴李岗文化、仰韶文化和龙山文化遗址，还有夏代的斟鄩遗址、战国时的滑国故城、秦代的苏秦及斜里谷墓、汉代的颜良文丑墓、晋代植物学家稽含墓、隋代的兴仓、北魏的石窟寺、唐代的杜甫故里和陵园，以及著名的北宋皇陵墓群；古有文人学士、墨客骚人、高僧名道，到巩义讲学传道、著书立说、撰书碑刻、隐居避世。汉代曹植、晋代潘岳、唐代储光羲、岑参、韦应物、刘禹锡，宋代欧阳修、王安石，清代张汉等人物，均到巩义游历过。

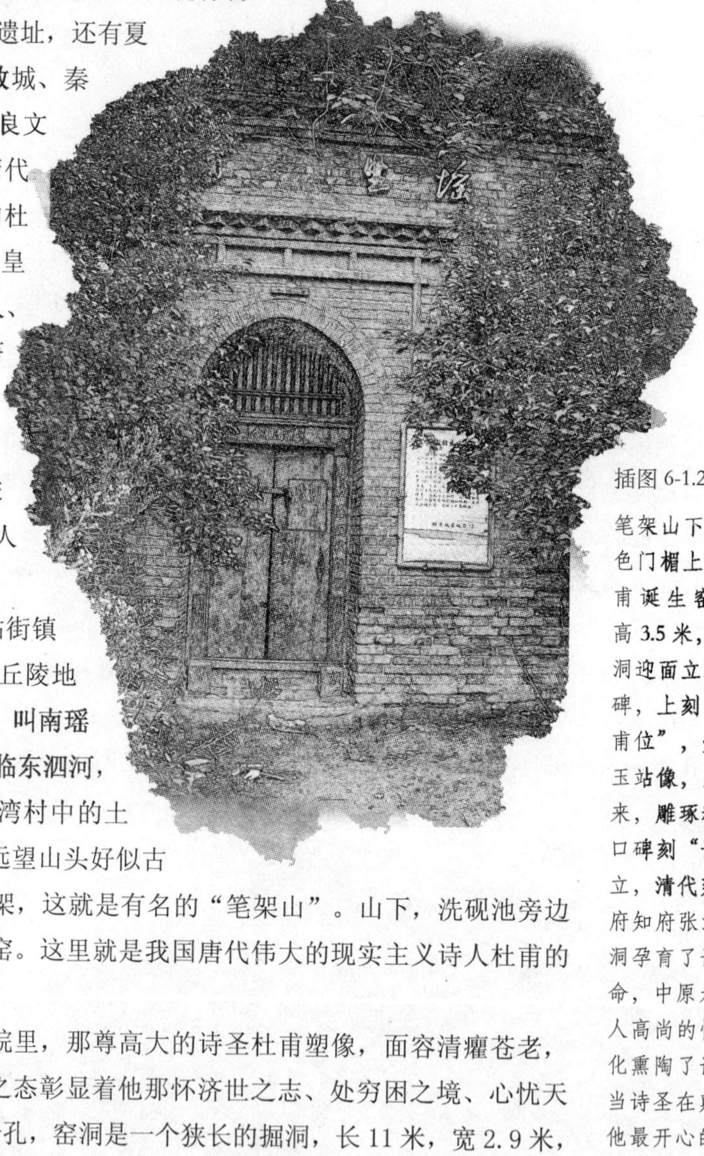

插图 6-1.2 杜甫诞生窑

笔架山下正中窑洞，黑色门楣上匾额镌刻“杜甫诞生窑”字样。窑高 3.5 米，宽 3.3 米。窑洞迎面立墙正面嵌诗圣碑，上刻“唐杜工部讳甫位”，旁置杜甫汉白玉站像，系民间收集而来，雕琢精美。窑洞门口碑刻“诗圣故里”竖立，清代雍正年间河南府知府张汉所立。这窑洞孕育了诗人的不息生命，中原水土培育了诗人高尚的性情，河洛文化熏陶了诗人的灵性。当诗圣在颠沛流离中，他最开心的还是窑洞前“庭前八月梨枣熟，一日上树能千回”的那个院落；最让他怀念的还是“露从今夜白，月是故乡明”的南瑶湾村。

河南省巩义市东 10 公里的站街镇有座小村庄，它虽地处黄土浅山丘陵地带，却有一个南国水乡似的名字，叫南瑶湾村。南瑶湾村，背靠黄土岭，面临东泗河，满村青杨绿柳，竹篱瓦舍。南瑶湾村中的土岭上，由西向东冒出三个山头，远望山头好似古代文人书桌上端放着一个老式笔架，这就是有名的“笔架山”。山下，洗砚池旁边有一院落，院内有几间瓦房和土窑。这里就是我国唐代伟大的现实主义诗人杜甫的诞生地。

南瑶湾村笔架山下的四合小院里，那尊高大的诗圣杜甫塑像，面容清癯苍老，瘦骨嶙峋，颠沛流离和穷困潦倒之态彰显着他那怀济世之志、处穷困之境、心忧天下的伟大人格。笔架山下有土窑一孔，窑洞是一个狭长的掘洞，长 11 米，宽 2.9 米，高 3 米，顶部呈拱形，由青砖垒砌而成。窑门上有“杜甫诞生窑”五个凝重的大字，为郭沫若先生的题字。唐开元九年（公元 721 年）正月初一五更时分，杜甫在这窑里呱呱落地。小院里另有瓦房三间，内陈诗圣巨作和著名画家蒋兆和绘制的杜甫像。窑壁正上方有一帧巨幅碳铅杜甫画像，杜甫峨冠博带，面容清癯，长髯飘逸，长衫逶迤，一双眯睁的眼睛，透出忧国忧民的心绪。

门口悬挂匾额，上有“杜甫故里纪念馆”字样，亦是郭沫若亲书。杜甫在这座窑洞前，度过了他的少年时光。他的一首诗这样说：“忆昔十五心尚孩，健如黄犊去复来。庭前八月梨枣熟，一日上树能千回。”一天能千次上树摘梨摘枣虽是艺术夸张，但从充满童稚童趣的生活中，可看出杜甫在这里的童年生活是欢乐的。

当年请郭沫若为纪念馆题字，有一段耐人寻味的故事：1964年，巩义市还叫巩县。巩县政府在设立杜甫故里纪念馆时，想请名人题字。一位河南文物工作者就贸然给时任文化部部长的沈雁冰先生寄函求字。1月4日发出，1月13日便收到沈雁冰先生的复函。出人意料，令人感动，但又使人感到有点为难。沈雁冰先生的复函是这样写的：“杜甫纪念馆题词，乃一大事，我未便贸然担承。以书法论，以人望论，以地位论，自以为请郭老题词最为合适。请考虑。”沈老的信，字字句句闪烁着大作家虚怀若谷的品格。让他们担忧的是，找郭沫若题字并非易事，但为了将这“乃一大事”完成，当时的巩县文化馆着即派人带函前往北京。派员到了中国科学院，来到传达室，递上沈雁冰先生的复函，说明来意，便遵嘱回住宿处等候。派员在住宿处一连等了两天，正在焦急之时，郭沫若办公室的工作人员回了话，说：“郭老在百忙中欣然礼允墨宝，后天上午到传达室联系吧。”派员大为高兴，他按约定时间，果然拿到了郭沫若先生的两幅题字：“杜甫故里纪念馆”和“杜甫诞生窑”。派员回去还大为感叹，在京数日，在整个“求字”过程中，却未能见郭老一面，实在遗憾，巩县政府也甚觉遗憾。

杜甫诞生窑前边院子外立石碑一通，上书“诗圣故里”，字体秀丽洒脱，为清朝正河南知府张汉立所书。距此碑左侧1米多处有一高大碑楼，内有一尊石碑，正中刻书“唐工部杜甫故里”几个字，系清乾隆年间巩县知县所立。

此外清代海派画家钱慧安，则用他的画笔以线条勾勒为主，于淳雅、清劲的细线中，逼真而有神地刻画了“今始为君蓬门开”的人物形象，画面散发出民间村野的淳朴风味。

此外，杜甫5岁时，从这里被送往河南洛阳。

2.家　世

杜甫出身书香世家，祖籍是湖北。杜甫的第十三世祖杜预，是晋代著名学者、军事家，曾任驸马都尉、镇南大将军，注释过《左传》，文武双全。杜甫以此为荣，以他为楷模，受到很大鼓舞，甚至影响了杜甫的一生。杜甫的曾祖父杜依艺，于唐太宗贞观年（公元627年）任巩县县令，之后举家由湖北襄阳迁居到巩县。杜甫的祖父杜审言，是武则天时期的诗人，因其诗歌出众，被武则天授予著作佐郎，也是杜甫引以为豪的人物。当然祖父杜审言影响孙子杜甫最深的是诗歌。对杜甫的文学修养有着影响的还有著名学者、他的外祖父崔融。

杜甫，祖先多半是太守、刺史、县令。这样的家世，按当时规定，一不用纳税，二不必服兵役，还能和名门望族通婚等。杜氏家族的四代人，在巩县（今河南省巩义市）居住85年之后，到杜甫时代，杜氏家族已渐渐衰落下来，显赫的家世已成历史。

杜甫自幼受到良好的教育。早在咿呀学语时，母亲就教他背诵《诗经》、《楚辞》、汉乐府等古代诗歌。他记忆力特别强，一天能背几首诗。不几年，胸中已装了几百篇诗文。传说，7岁那年，一天，他和同村的孩子在河湾里玩耍，突然看见从远远的南天飞来一只美丽的凤凰，翩翩落在河滩上。孩子们拥上前去观看，凤凰却扑展翅膀高飞而去。善于观察的杜甫发现凤凰落地处有一颗鹅卵石，五彩斑斓，抢眼夺目。他上前捡起，小伙伴们也都围上来观看，杜甫赶快把卵石放到嘴里。哪想美丽的卵石光滑异常，一入口里，一下就滑进肚子里去了。小伙伴们吓坏了，一窝蜂跑到杜家告诉了详情。杜甫的母亲一听吓得脸色都变了，急忙叫人请医、灌药，尽力让杜甫肚里的卵石吐出来。杜甫的父亲这时也赶来了，看到情况，急得对天祷告，祈求保佑儿子平安无事。

也许是药下肚起了作用，杜甫突然感到肚里一股热气上涌，接着就“哇”一声吐出来。大家惊奇地看到五光十色充满全屋。定睛一看，彩色卵石不见了，变成了一串串光彩夺目的诗句。有人仔细一读，竟是一首完整的诗，而且是杜甫早些时候作的一首，诗名叫《咏凤凰诗》。

插图6-2.1《客至》诗意图（清钱慧安绘）

《客至》是杜甫在成都草堂落成后写的一首七言律诗，全诗流露出诗人诚朴恬淡的情怀和好客的心境。诗中把居处景、家常话、故人情等富有情趣的生活场景刻画得细腻逼真，表现出了浓郁的生活气息和人情味。

从此，杜甫心里总有一股郁闷不平之气，看到百姓受苦受难之时，心里就难受得翻腾，总有心中不吐不快之感。每到这时，他就会顺口吟咏出感人的诗章，诉人民之苦，道百姓之难。

传说是美丽的，带有浓浓的神话色彩，但笔架山却是现实的，笔架山下出生的诗圣杜甫是真实的。杜甫7岁那年，有一天父亲杜闲教他古代的赋，在一篇赋里他读到“凤凰”两个字，他也早听说过有凤凰鸟的事，只是没见过。于是，他乘机问父亲凤凰鸟是什么样的。父亲告诉他说：“凤凰是古代传说中的鸟王，雄为凤，雌为凰。它头像鸡，颈如蛇，领似燕，背如龟，尾如鱼。这种鸟不与其他凡鸟为群，是高洁的象征。”杜甫听后说：“有志的人，应该像凤凰，对不对？”父亲高兴地抚摸着他的头说：“对，对。”杜甫说：“那我就作一首凤凰的诗吧。”父亲惊喜地说：“好，念出来我听听。”杜甫随口吟诵一首凤凰诗，讴歌凤凰之美，抒发自己的胸臆。父亲听了非常高兴，从此以后就更加用心培养他了。

杜甫母亲崔氏也出自名门望族，生下杜甫没两年就患病死去了。父亲又在奉天任上。5岁时，他就寄居于洛阳的姑母家。此时的洛阳为武则天的“周都”，经营20多年，繁华仅次于长安，京城内胡人、外国人随处可见。特别是胡人，往往在街头跳街头舞，寒冬中还互相泼冷水，欢度胡人的“泼寒节”；甚至舞酣之中，则裸体狂呼，这种对中国来说是伤风败俗的表演，政府不得不出面干预。五六岁的杜甫，常牵着姑母的手上街看热闹，对这个生疏的大千世界，他目不暇接，如痴如醉。

一次他到郾城看了场难得的精彩舞剑，令他终身不忘。舞剑者叫公孙大娘，她是有着鲜卑血统的舞蹈家，被誉为开元盛世时的唐宫第一舞人。她年轻漂亮，身体健壮，充满野性的舞姿惊天动地，以舞《剑器》而闻名于世。她继承传统剑舞，又有创新精神，创造了多种剑器舞，如《西河剑器》《剑器浑脱》等。她应邀到宫廷表演，无人能比。她到民间献艺时，着戎装，持双剑，巡演各地，在中原刮起了大漠雄风，常常观者如潮。50年后，杜甫对公孙大娘舞剑还记忆犹新，他写了一首《观公孙大娘弟子舞剑器行》，绘声绘色地描写了公孙大娘的剑舞：“耀如羿射九日落，矫如群帝骖龙翔。来如雷霆收震怒，罢如江海凝清光。”诗人的妙笔淋漓尽致地把公孙大娘的优美舞姿再现眼前：舞动的剑光耀眼，好像是后羿射落太阳。舞动的身形矫健，如天神驾着游龙翱翔。舞起如收拢起震怒的雷霆，舞完像平静的江海凝住波光。

插图 6-2.2 公孙大娘舞剑器图

“剑器舞”是唐代时期的一种舞蹈。唐代的舞蹈分为“健舞”和“软舞”两大类，剑器舞属于健舞之类。杜甫《观公孙大娘弟子舞剑器行》序中说：“观公孙氏舞《剑器浑脱》，淋漓顿挫，独出冠时。”晚唐诗人郑嵎在《津阳门诗》说：“公孙剑伎方神奇”，在自注里说：“有公孙大娘舞剑，当时号为雄妙。”晚唐诗论家司空图的《剑器》中说：“楼下公孙昔擅场，空教女子爱军装。”可见这女子身着军装舞起来，表现出雄健刚劲的姿势和流利飘逸的节奏。

安史之乱后，唐朝由盛而衰。杜甫在白帝城时，有幸又看到了公孙娘子的传人李十二娘的舞剑器。抚今追昔，不由感慨万千。

杜甫在洛阳广泛接触社会，开阔了眼界。古都洛阳文人荟萃、文化艺术繁荣，滋润和催发了杜甫心灵中诗意的种子。他十四五岁时便与上层文人崔尚、魏启心等人交往，经常呈送诗文求教，以诗会友。文坛前辈亦极力推崇杜甫，甚至把他同汉代著名文学家扬雄、班固相提并论，加以褒扬。

杜甫近距离地观赏过唐代顶尖级的舞蹈家公孙大娘的舞剑器，这是他的眼福，而他亲耳聆听到当时顶尖级的音乐家的歌声，则是他的耳福。他在长安时常到歧王的王宫参加文人活动，这是一个名人汇聚的中心，诗人、学者、艺术家常常济济一堂。杜甫的诗才在这里得到了先辈们的青睐，他也有机会结识了许多社会名流，很幸运地欣赏过名噪一时的歌唱家李龟年的演出。安史之乱后，李龟年流落到江南，每遇良辰美景便演唱几曲，常令听者泫然而泣。这时杜甫也流落到江南，在一次宴会上又幸遇李龟年，再次欣赏了他的演唱，心情特别激动，便写了一首《江南逢李龟年》：“岐王宅里寻常见，崔九堂前几度闻。正是江南好风景，落花时节又逢君。”诗情的深沉与凝重，使此诗成为空前绝后的名篇而流传千古。

3. 李杜相逢

天宝三年（公元 744 年），杜甫和李白初识于洛阳。当时，李白 44 岁，因不为权贵所容而被唐明皇赐金放还，而小他 11 岁的杜甫则在 10 年前考进士不第后，就一直游历四方，正好这个时候游到了东都洛阳。唐代诗坛上的两颗巨星就这样相遇了。

李白和杜甫一见如故，惺惺相惜。他们经常举杯畅饮，携手同游，谈诗论文，议论时事，非常投机，再加上又都是酒国中人，欢饮达旦中各显出一番天真来。杜甫后来在《寄李十二白二十韵》一诗中写道："剧谈怜野逸，嗜酒见天真"，说的是自己和李白高谈阔论，而酒中的李白最能表现出他的个性本色，最能张扬他的人格魅力。随着和李白交往的日益加深，杜甫对李白的了解更为深入。李白的诗歌才情、人格魅力和人生态度都让杜甫钦佩不已，隐隐约约便滋生出些许"偶像"情结。

李白虽然被逐出朝廷，但谪仙、酒仙、诗仙的名声早已传遍天下。杜甫当时在诗坛上虽然也小有名气，但是毕竟不如李白。尽管李白也很欣赏杜甫"性豪业嗜酒，嫉恶怀刚肠"的豪放性格，杜甫"下笔如有神"的才思也给李白留下了深刻印象，但杜甫还是特别看重李白身上的那种天才放逸、行云流水的诗歌才情，特别欣赏李白那种超凡脱俗的气质和与自然合为冥一的潇洒神韵，特别崇敬李白的那种快意恩仇、笑傲王侯的人格魅力。正因为志同道合，又互相尊重，取长补短，这种由两颗伟大灵魂结成的友谊，才成为代表中华民族传统文化中最宝贵的君子情谊。

李白是诗仙，杜甫是诗圣。仙出世，圣入世。所以李白一生都在作浪漫的想象飞行，而杜甫一生都在现实的荆棘与泥水中行走跋涉。李白写幻想，杜甫写现实；李白写过往未来，杜甫写当今时事；李白写梦中世界，杜甫写梦醒时分；李白写复杂为单纯，杜甫写单纯为复杂；李白近道，杜甫为儒；李白是传奇，杜甫是诗史；李白是天之骄子，杜甫是国之人杰。李白诗秀在神，杜甫诗美在骨。两人都以他们超凡的诗才和博大的胸襟，撑起了唐代诗坛一片"高不可及"的瑰丽天空；都以其高贵的人格和真挚的友情，谱写出了文学史上一段"文人相重"的千古佳话，李杜二人的相遇相知更是世人传颂的美谈。

唐玄宗开元十九年（公元 731 年），20 岁的杜甫走出了书斋，开始漫游，访吴越，走齐赵，观山水美景，览名胜古迹。开元二十三年（公元 735 年），24 岁的杜甫结束了自己长达 4 年的吴越之游，回到故乡河南巩县（今河南省巩义市），并到东都洛阳参加了进士考试，但是未能考中。于是，在开元二十四年，年轻的杜甫又开始了他人生的第二次漫游。这一次，他出游的目的地是东鲁兖州，当时他的父亲杜闲正在兖州任司马一职。在兖州，他登楼赋诗，四处游览，交友识知，还曾到过泰山一游。他第一次看到"五岳之宗"的东岳泰山非常激动，泰山的雄姿深深地留在心中。5 年后即开元二十九年（公元 740 年）秋天，写下了一首脍炙人口的名篇《望岳》："岱宗夫如何？齐鲁青未了。造化钟神秀，阴阳割昏晓。荡胸生层云，决眦入归鸟。会当凌绝顶，一览众山小。"诗中生动地描绘了泰山高大巍峨的雄姿，诗中意境气势非凡，表现了年轻杜甫的凌云壮志和阔大胸襟，此诗影响深远。

在这期间，他曾先后和苏源明等著名诗人结伴畅游，登高怀古，豪饮狩猎，赋诗作文。杜甫开阔了视野，宽广了胸襟，他对现实的认识更深刻了，这为他佳作名篇的问世，铺下了现实生活的基石。

开元二十九年（公元741年）冬，杜甫离开山东，返回东都洛阳，以求仕途，结束了他长达5年的初次齐鲁之游。

唐天宝三年（公元744年）秋，李白到了东都洛阳，杜甫在洛阳已经客居了两三年时间，两位诗人在此初次相遇，同饮同醉，携手同游，度过了一段彼此难忘的日子。44岁的李白已名满天下了，而33岁的杜甫还默默无闻。两人相约，共游梁（今河南省开封市）、宋（今河南省商丘市），并在这里遇上了另一位诗人高适。唐代三位了不起的诗人聚在一起，浪游痛饮，畅谈古今，抒怀遣兴，实在是人间不可多得的奇遇。次年秋天，李、杜两人又结伴游历了齐鲁（今山东省）。此后，他们再也没有见过面，只是通过诗歌来述说彼此间的友谊和思念。特别是杜甫，赠李白及怀念李白的诗，流传到今天的有十多首。在杜甫抒发友情的作品中，这些诗是写得最为动人的，几乎每一篇均堪称名作。

杜甫与李白年龄虽有差异，诗坛地位虽有高低，但这并不是两人结为知音的阻碍。“醉眠秋共被，携手日同行”（杜甫《与李十二白同寻范十隐居》），两人亲如兄弟的情形；“剧谈怜野逸，嗜酒见天真”（杜甫《寄李十二白二十韵》），举杯见真情。李白表示想念杜甫时，感觉独自饮酒唱歌了无情趣，“思君若汶水，浩荡寄南征”（李白《沙丘城下寄杜甫》），真诚的友谊建立在“知音”的基础上，它不会因为友人遭遇世人的鄙弃而改变。安史之乱中，唐肃宗李亨与他弟弟、永王李璘因权力之争而兵戎相见，李白参与了李璘的军事行动，在李璘失败后成为阶下囚，继而流放夜郎（今贵州省）。此时李白是一名罪犯，但杜甫对这个老友仍满心地信任、同情、思念和担心。他在《天末怀李白》诗中写道：“凉风起天末，君子意如何？鸿雁几时到？江湖秋水多！文章憎命达，魑魅喜人过。应共冤魂语，投诗赠汨罗。”

插图6-3.1 三贤相遇古吹台

此为古吹台“三贤祠”中李白、杜甫、高适三位诗人塑像。唐天宝三年(公元744年)，李白、杜甫、高适三位诗人相遇，畅游汴州（今开封市），慷慨胸怀，千年佳话，是中国文学史上一盛事。明正德十一年（公元1516年），在三位诗人结伴登临之地古吹台上，建立了“三贤祠”，以志纪念。清道光十年(公元1830年)复修，位于禹王大殿的东跨院。三贤祠，是古吹台上的一颗明珠。

李白和杜甫个性不同，艺术风格也有明显的差异，但这并不妨碍他们相互的理解、相互的器重。李白狂放不羁，富于幻想，如飘零于尘世的仙人；杜甫则淳厚谨重，是行走在现实生活道路中的巡视者。“笔落惊风雨，诗成泣鬼神”（杜甫《寄李十二白二十韵》），杜甫真心称赞李白的诗气势磅礴，富于感染力；“李白斗酒

插图 6-3.2 李白墨迹《上阳台帖》

此为唐诗人李白唯一传世书法真迹自咏四言诗《上阳台》，笔法流畅中纵放自如，苍劲里透挺秀，形成意态万千之势；字体参差跌宕，顾盼有情，奇趣无尽。

诗百篇，长安市上酒家眠，天子呼来不上船，自称臣是酒中仙”（杜甫《饮中八仙歌》），杜甫对李白天才气的高傲而放诞的性格欣赏有加。“白也诗无敌，飘然思不群。清新庾开府，俊逸鲍参军”（杜甫《春日忆李白》），对李白的诗作佩服至极。

李白、杜甫、高适三大诗人相聚开封，民间传说着一个浪漫的爱情故事：一天，三位诗人同登吹台饮酒赋诗。他们正在开怀畅饮，忽听窗外传来如梦如幻的琴声。三人疑是师旷再生，不禁心生感慨。似醉非醉之间，李白即兴赋诗，挥笔在粉墙上写下《梁园吟》一诗。他走后，一位年轻貌美的白衣女子带着丫环来到这里。她云鬓高耸，裙裾飘飘，站在壁前反复吟诵那气势磅礴的诗篇，如醉如痴，连僧人进房都未能觉察。僧人看到粉白的墙壁被涂画，心生怨气，就要擦掉，姑娘急上前拦住，愿出千两银子买下此壁，僧人同意了，保住了这面留有诗句的墙壁。消息传到李白耳中，深受感动，便托杜甫和高适做媒，娶这位宗氏才女为妻。宗氏就是李白的第四位夫人。

游开封之后，据《李杜合谱》记载，三位诗人携手北渡黄河，到王屋山游历访道。王屋山位于河南省西北部的济源市境内，在市西北40公里处。壁立万仞，山清水秀。唐代是中国道教的鼎盛时期，王屋山是唐代道教活动的中心。杜甫对道教和佛教都有很深的信仰，他来到道教圣地王屋山求仙访道，除了受唐代兴道的“大气候”影响外，还因为他中年以后身体多病。

唐代诗人纷纷踏行王屋山，多为求仙访道而来，却留下了的许多诗篇佳作，自然也多有仙风道骨。杜甫写王屋山的诗作有《忆昔行》和《昔游》两首，李白的诗与王屋山有关的有《上阳台》《送王屋山人魏万还王屋》《寄王屋山人孟大融》三首。

中国文学史诗坛上三泰斗中原相遇，不但留下了段段友情佳话，还留下了篇篇诗歌佳作。

4. 浣花溪畔

唐天宝五年（公元 746 年），杜甫怀着“致君尧舜上，再使风俗淳”的政治抱负，到了京都长安。具有贵族血统的诗人，把自己的人生坐标锁定在了仕途上，想以此来实现报效国家的美好理想。但是，他在长安看到的是李隆基的骄奢淫逸、纵情声色、迷信仙道、不理朝政。更令人憎恨的是阉臣高力士、奸相李林甫狼狈为奸，陷害忠良，排挤异己。杜甫初入都城时那种在漫游中所凝聚的豪放性格顿然消失。他想通过参加科举考试来实现为官的理想，但被阴谋者排斥。不过他也有过一时的风光。

那是在唐玄宗天宝九年（公元 750 年）冬，唐玄宗决定在第二年的正月行三大礼，这是唐王朝的一项重大的祭祀活动。杜甫得知消息后非常高兴，这对他来说，是一个向皇帝表现自己的机会，实质上是实现走仕途理想的机会，心中异常兴奋。在《进〈三大礼赋〉表》中说，杜甫“不觉手足蹈舞，形于篇章”。于是，就作了《朝献太清宫赋》《朝享太庙赋》《有事于南郊赋》三篇赋，主题都是表现对祖宗和神灵的崇敬、对帝王功业的歌颂。杜甫毛遂自荐地将其献给了唐玄宗，似乎得到了预想的结果，唐玄宗看了三大赋很满意，大为赞赏。杜甫的三大赋和唐玄宗的评价传出去后，一时间名声大噪，成了集贤院的明星，考生们成了他的粉丝，围绕着他赞捧，羡慕至极。可是，这种突然而来的荣耀如火花一闪而过。他等了一年，除博得个“词感帝王尊”（《奉留赠集贤院崔于二学士》）之外，唐玄宗高兴了一阵却忘记封他个一官半职。

这次对他的打击更大，理想破灭。政治上遭到打击，经济上也每况愈下。此时做县令的父亲病故，更加贫困，生活难以为继。而朝廷内杨贵妃得宠，杨家得势，杨国忠当权，祸国殃民，百姓生灵涂炭，唐王朝的最高层完全腐败了。诗人目睹此状，对朝政更加心灰意冷。唐王朝内部奢靡腐朽，对外又穷兵黩武。政治上的失意、经济上的困顿，令杜甫对政治和时事万念俱灰。他在困游都城内外时，更深层地接触了社会，认识了现实，写了不少如《丽人行》《兵车行》之类的揭露现实黑暗的光辉诗篇。

后来，也许是皇帝一时兴起，又想起了那位曾“献赋作诗”的人，于是便任命杜甫为守兵器、管钥匙的“右卫率府曹参军”，也就是个兵器仓库保管员而已。给这个官还不如不给，致使杜甫虽没真正入官场，但已厌倦了官场，对官场彻底失望了。这时，传来其小儿死去的噩耗，他悲愤交加。他在《自京赴奉先县咏五百字》一诗中，回顾了他 10 年都城的坎坷遭遇，字字泪聚成，句句恨凝结。同时，对天下人的爱心也浸透于字里行间，那“朱门酒肉臭，路有冻死骨”的憾人心灵的诗句，把他“穷年忧黎民”的进步思想淋漓尽致地表现出来了。

安史之乱爆发了，杜甫带着全家向北出逃，开始了度日如年的流亡生活。途中他不幸被叛军所虏，困居长安，过了 8 个月痛苦的俘虏生活。在“烽火连三月，家书抵万金”的焦灼日子里，他出逃奔向凤翔。

唐肃宗乾元二年（公元 759 年），在流亡的路上杜甫衣袖残破，脚蹬麻鞋，一副苦行僧的形象。逐渐衰落的唐王朝，时逢关中大闹饥荒，他只好带着家小往四川赶，想在战乱中觅得一块安居之地。过秦川，越同谷，风霜雨雪，困苦不堪，几乎濒临绝境，终于在年末到了成都。成都自汉以来一直为西南政治、经济、文化中心，安史之乱中成都远离战火，因其物产丰富、商业发达，这无异于乱世唐朝的世外桃源。

杜甫一家在成都西郊浣花溪之北的草堂寺安顿下来。浣花溪蜿蜒曲折，四季水绿，风景秀丽，林塘优美。杜甫爱上了这里。他在溪边选了一块荒地，靠朋友的帮助，在一棵有200多年历史的高大楠木旁建了一座草堂，周围遍植花草竹木。杜甫结束了10年颠簸，过起了安定的隐居生活。草堂位于浣花村，村中只有八九户人家。杜甫常与村民饮酒畅谈，与来访朋友谈文作诗，“邻人有美酒，稚子夜能赊”（《遣意二首》）；“邻家送鱼鳖，问我数能来”（《春日江村》），多么融洽的关系，多么惬意的心情。特别是新任彭州刺史的老朋友、诗人高适携酒来访，更增添了他的雅兴。此时，诗人眼中只有天上的白云、飞动的蜻蜓、水上的小荷、田间的麦垄、幽静的夜晚……过的是隐居安静的生活，看的是田园风光，听的是田园交响乐，做的是农圃桑麻事。

然而，诗圣有诗圣的胸怀。他陶醉于自然和田园的同时，却没有忘记国家和百姓。唐肃宗上元二年（公元761年）八月，一天晚上，一阵怒号的秋风卷走了草堂上的茅草，震撼了诗人的心，杜甫高唱着“安得广厦千万间，大庇天下寒士俱欢颜”（《茅屋为秋风所破歌》），把目光投向苦难中的百姓。中原是正统，叶落必归根，这是杜甫心中不变的理念，他要返回故乡去。唐代宗李豫在宦官拥立登基后，安史之乱平定了，失地收复，杜甫心存希望。他做好了出蜀返回中原的准备。

插图6-4 杜甫《草堂即事》诗意图（明谢时臣绘）

此图极尽巧思，繁复精整，层次多变。用笔苍劲古朴，墨色含蓄氤氲，古拙清雅，尺幅间亦能曲尽草木之态、诗情之妙。谢时臣，明代中期深受“吴派”影响的画家，他的画作笔势纵横，用力结曲，墨色有时相当浓重，颇具浙派气象；有的颜色浅淡，人物点缀潇洒，又有吴派的清雅气息。

杜甫出川的时间选定在唐广德二年（公元764年）春，但这时偏偏他的好朋友、成都尹严武出手帮助他，极力推荐他做官。杜甫不会违友人的好意，欣然应允，他便被任命为检校工部员外郎，赐“绯鱼袋”（旧时朝官的服饰）。故后人称他为“杜工部”。已经淡泊仕途、厌恶官场的杜甫，为何又接受这一官职？历史给后人留下一个谜团。但杜甫又一次的幕府生活，得到的却是身心憔悴。于是他又一次辞官，此次为官只有8个月，此时他已52岁了。“白头乱发垂过耳”（《同谷七歌》），多病缠身，他又回到草堂过起了野老农夫的生活。然而草堂已物是人非。第二年好友严武离世，杜甫好似再没可留恋的了，于是准备好行囊，结束了4年蜀中生活，出川回乡了。

5. 巨星陨落

唐代宗永泰元年（公元 765 年）五月，杜甫携家乘舟东下，离开了成都浣花溪草堂。实际上他回乡返中原的深层动因是时局的变化，这一变化带给他如春的希望。正在蜀地漂泊的他，听说唐军打了胜仗，从叛军手中收复了洛阳和郑（今郑州市）、汴（今开封市）等地，他“漫卷诗书喜欲狂”，好像年轻了许多，他要“青春做伴好还乡”了。他设计的返乡路线是，“即从巴峡穿巫峡，便下襄阳向洛阳”。杜甫带着家室一路梓州、阆州、夔州、江陵、岳州、潭州。在潭州寓居一年多的生活很是贫苦，除了友人不多的馈赠，还种点蔬菜自给，种些药材到集市上出卖。这期间传来了好友韦之晋的死讯，他失去了一个可以依托的老友，政治上的出路也被堵死。更不幸的是兵马使臧玠杀死了继任的潭州刺史、湖南团都练观察使崔瓘，潭州大乱。这里再不是安身之地了，杜甫带着妻儿，混在平民中连夜奔逃，继续往家乡洛阳而去，直奔他魂牵梦绕的故土。

仍然处于贫困中的一家人，风餐露宿，饥寒交迫，甚至陷入数日无食充饥的困境。更让他难以忍受的是一路上的湿冷潮气。他不堪其苦，身患肺病，足部麻痹，行动艰难，常常不得不在江边停留，蜗居舟内，炖药治病。即使吃下药他也是汗水涔涔。

“霜黄碧梧白鹤栖，城上击柝复乌啼。客子入门月皎皎，谁家捣练风凄凄？南渡桂水阙舟楫，北归秦川多鼓鼙，年过半百不称意，明日看去还杖藜。”这是杜甫在江陵写的《暮归》一首诗，真实地吐露出他当年的心境。

唐代宗大历四年（公元 769 年）秋，杜甫一家乘船到了潭州（今湖南长沙），冬天寒流侵袭，大雪如席，寸步难进。他们只得以船为家，停泊湘江之畔。在贫病交加、饥寒交迫之中煎熬了 4 个多月。杜甫孤独无助的痛苦缠绕着病身，更使他感到孤独的是，他的“忘形故人”如李白、高适、王维都先后逝去，连比他年轻的岑参也先他而去。他要回家乡，但心有余而力不足了，贫病交加，忧患缠身，已无丝毫抵挡之力。唐代宗大历五年（公元 770 年），59 岁的杜甫孤独地死在了湘江上的一叶孤舟中。《新唐书·杜甫传》对诗人辞世如是描摹：“大历中，出瞿塘，下江陵，溯沅、湘以登衡山，因客耒阳。游岳祠，大水遽至，涉旬不得食，县令具舟迎之，乃得还。令尝馈牛炙白酒，大醉，一夕卒，年五十九。”

杜甫潭州病逝，两个儿子宗文和宗武生计困窘，无力扶父亲灵柩归乡安葬，只好暂厝岳州平江（今湖南岳阳市平江县）。后来，次子宗武辞世时只得把父亲归葬之事交给儿子杜嗣业去完成了。可是杜家传到杜嗣业一代，仍然没有脱贫，其经济状况让杜嗣业不能马上完成父亲的遗愿，只得拖延时间。杜嗣业把祖父杜甫的遗骨移葬故里的时间，一直拖到杜甫死后 43 年。这是杜甫的悲哀，是杜甫子孙的无奈。

平江地处湘、赣、鄂三省交界的湖南境内，杜甫遗骨回归故里取道水路，那条路线应该是由汨罗江入洞庭湖，下襄阳向洛阳，中途曾在荆州停留，而后到达河南的偃师。然而，杜嗣业用的运载工具是什么，具体路线是什么，路上用了多少时间，为何途中停留荆州，其细节无从知道。不过唐代的文学家元稹曾为杜甫写过墓志铭，可以作为杜甫遗骨归葬故里的佐证：“嗣业贫，无以给丧，收拾乞丐，焦劳昼夜。

去子美殁后余四十年，然后卒先人之志，亦足以难矣。”

可是元稹写的墓志铭中还有一句是：“葬当信侯墓次。”这里说的“信侯”是指杜甫的十三世祖、晋代名将杜预，也就是说，杜甫的墓应在杜预墓之旁。杜预的墓在洛阳地区偃师市，所以杜甫遗骨理应葬于偃师，为何又移到巩县（今河南省巩义市）？宋代司马光曾在《温公诗话》说过，杜甫遗骨后来又移葬于巩县(今河南省巩义市)，后人即以此为凭。

偃师杜甫墓坐落于偃师市城西4公里处首阳山之南的杜楼村，此村又名土娄村，为青砖砌筑的八角形墓葬，墓高约2米，周长31.9米，绕以矮墙。墓前立石碑一通，正中楷书“唐工部拾遗少陵杜文贞公之墓”13个大字，为清代乾隆五十六年（公元1791年）遗物。杜楼村是杜氏祖坟所在地，这里还有杜甫先祖杜预、曾祖杜艺、祖父杜审言、叔父杜并等人的墓葬。杜甫年轻时特别崇拜杜预，他曾移居杜楼村守孝，并生活多年。守孝时在杜预墓旁建一土屋，名“土娄”，所以杜楼村又名土娄村。

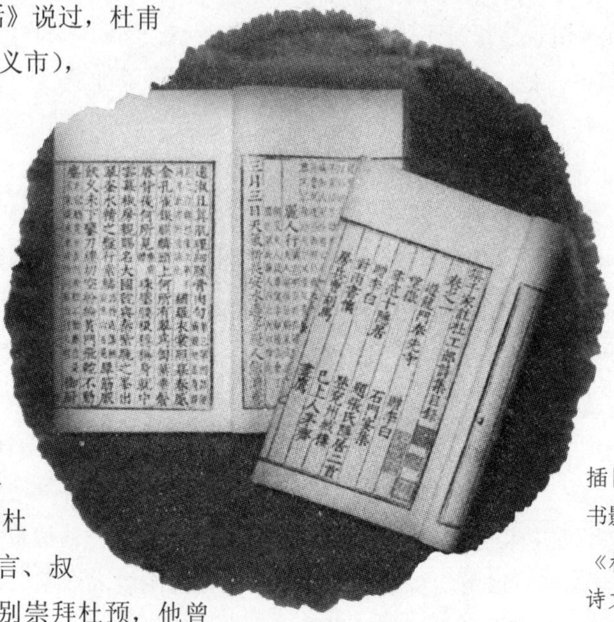

插图 6-5《杜工部集》书影

《杜工部集》是杜甫的诗文集。杜诗1400余首，文30余篇。杜诗风格雄浑高古，自成一家，被尊称为“诗圣”，标志着中国古典诗歌现实主义的最高峰。杜诗“有集六十卷”，早佚。北宋宝元二年（公元1039年）目录学家王洙辑有1405篇，编为18卷，题为《杜工部集》。明末清初诗人钱谦益编有《笺注杜工部集》。清代诗人杨伦说：“自六朝以来，乐府题率多模拟剽窃，陈陈相因，最为可厌。子美出而独就当时所感触，上悯国难，下痛民穷，随意立题，尽脱去前人窠臼。”

不管是巩义市的杜甫墓，还是偃师市的杜甫墓，今人似乎无从考证其真假。但杜甫的遗骨回到了中原，安葬于中原黄土中，这是千真万确的。

6. 陵　园

巩义杜甫陵园在巩义市西北3公里处的康店镇，康店镇积淀了悠久的历史文化。据《水经注》记载，上古时期，混沌初开，人类始祖伏羲氏与其妹女娲氏就在此生活，人类文明发祥于此。夏、商、周时亦是政治、文化、军事中心。曹植在这里吟咏过千古绝唱《洛神赋》，并长眠在邙山岭上。

杜甫陵园位于巩义市老城西北约6公里康店镇康店村西的邙岭上，背靠邙山、南临洛水，东、北、西三面沟壑环绕。一座杜甫塑像迎门耸立，花岗岩大型雕塑像高4.7米。那饱经忧患的面容上，凝结着是忧国忧民的情思；浓眉善目仍关注着“大庇天下寒士”；微弯的弓背好像仍然承载着“万里悲秋”的重负。

这座雕像是在闻名世界的艺术大师刘开渠先生和已故著名艺术家刘岘先生精心指导下，由著名雕塑家崔开宏先生创作监制而成的。雕像的底座3米高，为黑色大理石砌成，正面是刘开渠先生的题字“诗圣杜甫”。座底的形状是内方外圆，花坛围绕四周，寓意中国古代天圆地方的理念。

插图 6-6.1 杜甫陵园杜甫雕像

杜甫陵园位于河南省郑州市巩义市之北康店村之西的邙岭上，陵园入口处耸立一尊近5米高的大理石诗圣雕塑像，为著名雕塑家刘开渠与木刻家刘岘指导镌刻。塑像那高高的身躯，那沉郁的面容，传递了诗人毕生爱民忧国的高风亮节，形象生动，逼真感人，正如鲁迅所言："杜甫似乎不是古人，好像今天还活在我们堆里似的。"

位于塑像西侧的诗圣碑林，令人瞩目。碑林长120米，碑刻百余通，大多为古今名人或书法家书写的诗圣诗篇。碑林起首处刻有"诗圣碑林"四字的石碑，为当代书法家启功先生所题。当年陵园负责人向启功先生求字时，未得启功先生当面允诺，不免生失望之心，怎好再强求书法大家。不久之后，陵园突然收到一尊巨大石碑，上刻"诗圣碑林"四个大字，这是启功先生的笔体，原来石碑是启功先生亲自书写并出资亲刻的，专程发运过来，义举出人意料。从求书到见碑的整个过程，启功先生都在默默无闻地做着，一如书法大师的高尚品格，令人敬仰，充分反映了启功先生对伟大诗人杜甫的衷心敬佩与赞美之情，遂立于碑林之首。

杜甫的墓坐北面南，东西并列三个土冢。杜甫墓之东并排为长子宗文、次子宗武之墓，杜甫在这静静的黄土丘陵上长眠，应该是不寂寞的。杜甫墓冢高约10米，周长约72米。墓冢上下树木成荫。墓前有石碑两通，一块为清代乾隆四十四年（公元1779年）所立，上书"唐杜少陵先生之墓"。另一块为清代康熙年间所立，上书"巩县杜少陵先生墓碑记"。还有一块小碑，细看碑文，依稀可见四字："杜工部墓"。据考古工作者说，此碑是在1958年农民平整土地时发现的，雕刻粗糙，像是匆忙之作。此碑与当时杜甫墓遗存下来的底座对接合缝，但落款字迹已风蚀剥落不见。专家推断此属唐代遗物。前有石碑两通，高约2米。前碑楷书"唐杜少陵先生之墓"，后碑题"杜少陵墓"。

从杜甫出生地站街镇南瑶弯村杜甫故里，到杜甫长眠地康店镇康店村的杜甫墓地，这段路不算长，但杜甫却是用59年的生命历程走完的。在这条路上，杜甫从一个天真无邪的孩童成长为一代诗圣；这条路上，记录下他光辉灿烂而又苦难与悲愤交加的一生。青少年时的北游，10年长安的困顿，8个月俘虏的痛苦，生活的种种困难窘境、流亡路上的艰辛磨炼了诗人直面现实的意志，铸就了诗人伟大的品格，诗人用血与泪写出了一篇篇不朽的诗章。

杜甫出蜀之后未能回到家乡，留给家乡的却是一座坟茔。鲁迅曾说过："杜甫似乎不是古人，好像今天还活在我们堆里似的。"杜甫仍活在人民心里，活在故里的父老乡亲之中，有许多关于他的传说仍然在民间流传。

传说，杜甫之孙杜嗣业带着爷爷的灵柩一路北上归葬。路经长江时，船行至江心，船夫突然抽出刀来，要抢劫财物。原来杜嗣业雇船找错了人，找来一伙杀人越货的强盗。可这伙强盗也认错了人，他们哪里知道船上的主人是贫寒之家，哪有什么财富。这伙强盗举刀向杜嗣业杀去，杜嗣业急忙躲闪抵挡，就见杜甫的灵牌被撞跌落在船板上。那贼人拾起一看，大为吃惊，急忙放下刀，拱手致歉说："杜工部心中有百姓，是个大好人，得罪得罪。"说完之后，他们小心谨慎地把杜甫灵柩护送到对岸。

又传说，杜嗣业把杜甫灵柩运到偃师杜预墓前，乡亲们闻知，纷纷前来周济葬款，捐献物品。附近的阴阳先生也都争先恐后地前来看风水，选宝地。他们敬仰杜甫的人品和学问，想找出最好的风水宝地来安葬这位伟大诗人。但对风水好坏的标准，各有所见，见解不一，争执不下。这可难倒了杜嗣业，不知应采取哪家之说，无法定位，难以下葬。这天晚上，杜嗣业忧愁烦闷，在爷爷杜甫灵柩前上香后昏昏睡去。忽然，耳边传来爷爷的声音："嗣业莫忧，百鸟定穴。"杜嗣业被惊醒，疑惑地捱到天亮。走到房外，抬头一看，一群喜鹊喳喳叫着，飞到杜预墓的南侧，落在了一棵花红似火的石榴树下，扇动翅膀叫着。杜嗣业立即找来风水先生，说明梦中之事。大家一看，那石榴树旁地势平坦、视野开阔，又紧傍祖坟，便异口同声地认定那就是诗人灵魂安息的宝地所在。

全国共有8座杜甫墓，除河南巩义市和偃师市的两座杜甫墓外，其他的6座杜甫墓分别在湖北襄阳、湖南耒阳、陕西富县、陕西华阴、湖南平江小田村、四川成都。从杜甫的经历看，这8个地方都留下了杜甫不同时期的足迹，有的是曾留下了他足迹的地方，有的是他曾经较长时间生活过的地方。究竟哪座墓中长眠的是杜甫，各地都有各自充分的理由，说明杜甫就是安眠在自己的地界，都能拿出足能使人信服的史料论据来。

然而，杜甫墓的虚实真假已不重要了，重要的是诗圣获得了人民的尊敬。诗圣在人们心中已活了上千年，并将永远活在人民心中。

杜甫的墓冢耸立于巩义黄土上，而人民对伟大诗圣的敬仰和怀念留在许多生动的故事和美丽的传说中，久传不衰。传说杜甫幼年时，有一天夜里做了一个奇怪的梦。梦中他见到了一位老人，踏云驾雾而来，白须皓首，仙风道骨，显然是位神仙。那神仙说："你是先哲的后代，可去康水采文，流芳后世。"神仙言毕，便飘然而去。杜甫一觉醒来，梦中之事记忆犹新，便立即跑到康水岸边。那里有一块田地，地里的大豆长得很茂盛，满眼翠绿。杜甫在浓密的豆丛中，果然找到一本书。杜甫急忙翻开，上面的意思是：杜预的十三代孙，本是天上的文曲星，上天派他下凡来，兴盛唐朝的诗歌文章。

又传说，在清朝雍正年间，有个名叫仁威的举人上京应试。开科那天，他在考场上如坐针毡，咬着笔杆写不出来。正在他发愁的时候，恍惚间，看见一个方巾青衫老人飘然走来。那老者对仁威笑着说："你怎么聪明一世，糊涂一时呀？"说着顺手展开一张薄纸。仁威看时，原来是杜子美的五言律诗一首。老人指点之处，正是"文章憎命达，魑魅喜人过"两句，这好像一把钥匙，使仁威茅塞顿开。仁威揉了揉眼睛，想仔细看看面前的老人。但是在静静的考场上，哪里有什么老人？仁威

插图 6-6.2 杜甫墓

巩义市康店村之西的邙岭上，在古建嵯峨、松柏滴翠的杜甫陵园内，东西并排着3个墓冢，西为杜甫墓，向东依次为杜甫长子宗文，次子宗武之墓。杜甫墓呈覆斗状，高约10米，周长约72米，墓前石碑两通，高约2米。前碑楷书“唐杜少陵先生之墓”，后碑题“杜少陵墓”。从那座“杜甫诞生窑”到此“杜甫陵园”，虽仅仅相隔十几公里，诗人却艰辛地跋涉了59年，用他“笔落惊风雨，诗成泣鬼神”的如椽巨笔为我们留下了上千首光辉诗篇。

顾不得多想，提笔做起文章来。结果三场得意，中了进士，钦点为河南府尹。于是，仁威兴高采烈地带着仆役随从，赴洛阳上任去了。

赴任途中经过大夫山，仁威隔轿看到一个老人走过桥去。仁威觉得这位老人十分眼熟，好像在哪里见过。皱眉一想，猛然想了起来：这不正是考场里指点自己文思的老人吗？他赶忙命轿夫落轿。可是当仁威走出桥时，老人却没影了。询问左右人役，都说没看见什么老人。仁威心里狐疑，就步行来到村里打听附近有没有名人遗迹。老百姓指着笔架山下的院落说：“这个宅院是唐朝杜工部杜子美诞生的地方。”仁威一听说杜工部，顿时恍然大悟，急忙掸衣整冠，入院拜谒。抬头望去，只见蒿草满院，十分冷落。仁威很自然地想到了杜子美忧国忧民、悲苦潦倒的一生，不禁长叹：“一代酒仙诗圣，身后竟萧条至此！真是文章憎命达啊！”又想起两次见到方巾青衣老人，断定是酒仙诗圣杜子美无疑。于是他焚香拜谒杜子美诞生的窑洞，瞻仰大夫山，然后登程上任，一路上感慨不止。

仁威到任后，每每想起酒仙杜甫，常常夜不能眠，就派人查寻杜子美后裔，还亲自主持为杜家建起家庙，把杜甫诞生的故居修葺一新，并在故里门前树起一块石碑，亲笔书写了“酒仙诗圣”四个大字，刻到碑上。后来，仁威又带人去到康店的北邙岭上，把杜子美的坟墓修整了一番。从此，前往杜子美故里谒拜的人更多了。

杜甫在传说中被神化，说明杜甫在人民心中是神圣的，不管是杜甫其人，还是他的诗歌都是一座座的丰碑。人们把李白、杜甫、白居易三位诗人赞评为唐代诗歌的三大巨匠，他们的诗歌是唐代诗歌艺术鼎盛的代表和象征。当你站在杜甫墓前，看到的虽是如此普通的一座坟茔，然而墓室里永存的却是一个伟大的灵魂。

第七章 画圣吴道子

圣贤

第七章 画圣吴道子

七

画圣吴道子

1. 天　赋

画圣吴道子故里在河南阳翟（今河南省许昌市禹州）。今禹州市之西 10 公里处，有一个小山村，叫山底吴村。山底吴村背靠三峰山，面对九龙山，右携兰河水，左襟大平原，山环水抱，宛若星拱；岗阜蜿蜒，起伏似龙；河流交逝，旋绕如带；云烟岚光，气象万千，风情独具。吴道子就出生在这山灵水秀的小山村。这里的一方水土，滋养了这位画坛娇子的绘画天赋，给了他非凡的艺术悟性。

吴道子，字道玄。据传，吴道子家里贫穷，他的父亲每日必进城卖石货，他的母亲虽是孕妇，也不得不跟着去卖货。有一天卖完货回家的路上，他母亲突然一阵腹疼，将要分娩，他们急忙走到路边的一个茅草庵里，生下了一个男婴。因为父母是半道得子，便起名叫“道子”。

又传说，吴道子周岁“抓周”时，抓起笔，就东一道西一道地满地乱画。爹娘说，这娃儿将来或许是个读书人。正巧有一位私塾老先生过路看见了，说：“好哇，

插图 7-1.1 画圣吴道子故里

吴道子的故里，位于河南省许昌禹州市西 18 公里的鸿畅镇山底吴村，小村背靠三峰山，面屏九龙山，滨兰河之东，山清水碧，景色宜人，文化厚重。山上有画圣墓园、十八彩石连环洞，山下有蛤蟆砚、黄龙潭、饮牛坑、法融寺、祖师庙等遗迹。

啥字不是一道一道地写出来的呢？就叫道子吧！”

相传有一老汉养了17头牛，老汉有3个儿子。他临死时，要把这17头牛平分给3个儿子，却找不到平分的好办法，便求村上许多人来出主意，却无人能拿出好办法。吴道子听说后就赶来了。他一下就把牛分成了3份，而且分得公公平平，3个儿子都没意见。吴道子是怎么分开的，好似个谜。在山底吴村北的三峰山上，有一块“分牛石”，那是画圣留给后人的思考吧。

插图7-1.2 维摩诘变相图（吴道子绘）

此画是以吴道子绘画风格描绘维摩诘形象的最生动传神、最具代表性的杰作。画中的维摩诘手执鹿尾坐于胡床之上，身子前倾，凝神聚心，思虑深邃，成竹在胸。画家以流利刚健的线描一气呵成。维摩诘是早期佛教著名居士、在家菩萨。此画为敦煌103窟的唐壁画。

吴道子幼年父母双亡后，无依无靠，10多岁时便流浪在外地。这年冬天，他流浪到河北定州。天色已晚，还不知在哪里过夜，这时他远远望见一座庙宇，走近庙门，看到匾额上有“柏林寺”三个字，顿觉肚内饿得难受，他没有犹豫就进去了。寺院里静悄悄，不见人影，只看到大殿的门虚掩着。吴道子上前从门缝里一看，有人在墙上画画。他轻轻走过去，墙壁画面上磅礴的山峰，飞流直下的水瀑立刻吸引了他。他情不自禁地发出赞美之声。那人转身惊看，吴道子才看清画者是位老僧。老僧看到观画人是个少年，感到惊奇，这少年眉宇间透着聪慧，那神态显示出对画中的意境有所领悟。老僧很高兴，好像遇到了知音。

老僧是寺院住持，也是远近闻名的丹青高手。因年事已高，每当拿起画笔，已觉力不从心，早就想收个有天分的徒弟，以传授技艺。他看到站到眼前的这个少年，正合自己的心意，立即向吴道子说明。吴道子一听，喜从天降，跪下就磕头。从此，吴道子便跟着老僧刻苦学习绘画。

一天黄昏，吴道子打扫后殿，看见迎门的一面墙壁，没有画什么，他有点奇怪，便问老师，后殿里的白壁为何不绘画？老僧表情黯然，叹口气说：“我本想在那墙画上一幅《江海奔腾图》，但几次画出来总感觉不真实，还得去实地看看才会画出来。现在有你跟着我，就可放心去了。”师徒二人准备停当，就出发了。他们周游江河、观湖海，每到一处老僧都要对水临摹，吴道子也跟着描绘。

师徒两人在外游历3年，冒酷暑寒气，顶狂风雨雪，忍受饥饿口渴，脚步不停，画笔不辍。积累了3年的资料，师徒回到了寺院。他们正准备作画，但老僧却一病不起。吴道子见老师终日对那幅《江海奔腾图》壁画念念不忘，便对老师说，自己一定要完成老师的心愿。老僧非常高兴，欣慰地说："好！好！有志气，我相信你一定能画好！"

吴道子心中早有了构想，不但有跟着老师3年的实践经验，而且还有手中丰富的材料，他很有信心地进入了创作状态。整整9个月的时间，吴道子吃住都在后殿，夜以继日地绘制《江海奔腾图》，终于有一天完成了。他立即跑到老师病榻前激动地说："老师，我画完了！"老僧听到这个消息，奇迹般地病好了，立刻起床沐浴更衣，招呼众僧去后殿看画。众僧簇拥着他到了后殿，推开大门，他顿然感到波涛汹涌的江水迎面扑来，惊喜得不知如何表达，失控地大叫："不好了，发大水了！"平静下来后，对着画面凝视良久，连声说："这正是我要画的《江海奔腾图》啊！"

消息传出去，每日到寺院看《江海奔腾图》的人络绎不绝。这天，被封为"逍遥公"的唐代诗人韦嗣立闻风而至，深为这幅壁画的气势和内涵所感动。他诚恳地问吴道子愿不愿跟随他专事画画。吴道子不愿离开老师。老僧说："去吧！天外有天，楼外有楼，还是到外面去闯吧！"吴道子泪流满面地跟老师叩头告别。他与韦嗣立的交情史书有记载。

韦氏父子三人在朝为官，因他们分别任过中书令、尚书左丞、凤阁侍郎之职，位及三品，时人称"父子三宰相"。他们都爱好文艺，喜欢与写诗绘画者交友。韦嗣立结识了吴道子，很赏识他的才能，便收留了他，并把他介绍给大书法家张旭和大诗人贺知章。吴道子即拜他们为师，向他们学习书法。吴道子是幸运的，这些名家大师滋润了他的灵性，他天资聪明，书法进步很快。杜甫在诗中称赞张旭说："张旭三杯草圣传。"张旭是"酒神"，每当他酒酣之时，便是他得心应手挥毫作书之时。他的草书出神入化、奇妙莫测，人称"张颠"。吴道子从他的书法中汲取了绘画真谛。吴道子以观赏公孙大娘舞剑，来体会画画的用笔之道。正因为吴道子善于取人之长，融入自己的画中，他的画作才有"吴带当风"的美誉。

2. 宫廷画师

吴道子年未弱冠，已"穷丹青之妙"。20岁时曾任瑕丘（今山东兖州）县尉，后来看到官场的险恶，约在唐玄宗开元初年（公元713年），28岁的吴道子辞官"浪迹东洛"，在画坛上渐渐崭露头角。特别是他在洛阳佛寺画壁画，声名鹊起。传说他画鸟鸟会飞，画马马能跑，画狗狗可叫，画鱼鱼则游，画虎点睛，虎出伤人，画龙点鳞，蛟龙飞天。这神乎其神的坊间传说传到了唐玄宗李隆基的耳中，李隆基不知传说虚实，想亲眼看看吴道子的画，便派一名官员去洛阳找吴道子画一幅。

这名京官见到吴道子摆起架子，命令立即作画。吴道子见此人无礼，不买他的账，推说身体不好，难以作画。京官只得等他身体好了再画，等了好几天，吴道子方才动笔作画。吴道子拿起笔画了一个圆，再画一个半圆，又饱蘸浓墨甩几下，许多墨点落在洁白的纸面上。他明知是吴道子使脾气忽悠他，但当面不便指责，只好勉强接过画，一出门就揉成一团扔了。可怎么向皇上交差呢？他就到画店里找了几名画匠赶画了几张工笔画，回到长安交给皇上。唐玄宗懂画，他一看这几张画很是一般，甚是不悦，就追问这名官员。他不敢撒谎，实情相告。玄宗大怒，令他 3 日内拿来吴道子的真迹，不然从严治罪。

这个官员犯难了，愁得他日夜不安，3 日期限快到，还没有想出奏效的办法，如害大病。这时他的随从给他出了个点子，说道："大人，那天在洛阳从画家屋里出来，你扔的那张画，小人觉得可惜，就随手捡起带回来了。"这位官员一听，高兴地说："快快取来，我呈上金殿！"于是便将之前揉搓弃之的吴道子的真迹呈了上去。唐玄宗展开那张画一看，画的是太阳、月亮、星星，线条简约，出笔流畅，赞不绝口，连声称道："真乃好画也！"于是速速宣召，命吴道子前来长安见驾。

吴道子从洛阳赶到京城。唐玄宗见吴道子 30 岁上下，年富力强，很是欣慰。但觉得他的名字有点怪，问起名字的由来。吴道子说自己是半道上生的，故得此名。玄宗说道："你从东都洛阳而来，洛阳乃老子炼丹悟道之地，你的名字中已有一个'道'字，再赐你一个'玄'字，'吴道玄'如何？"吴道子茫然不答，不解其意。唐玄宗哈哈大笑说："道者，玄也，道和玄都是道家文化的核心，《老子》说'道可道，非常道'，还说'玄之又玄，众妙之门'，我看你的画'守其神，专其一，合造化之功，有天然之趣'，这很符合老子自然和谐之主张，赐名道玄，今后作画就更自然了！"吴道子听了皇帝一番解名释义，方知皇上乃博学之人，十分佩服，忙跪下谢恩。

插图 7-2 年画"吴大士"像

"吴大士"即吴道子。画圣吴道子被民间画工尊为"师祖"而供奉。年画是一种独特的绘画体裁的中国画，始于古代的"门神画"，清光绪年间正式称为"年画"，为中国农村老百姓喜闻乐见的艺术形式。大都用于新年时装饰环境，含有祝福吉祥喜庆之意。

自此，吴道子成为专为皇家服务的宫廷画师，以供奉皇室，不久任他为九品"内教博士"，掌教宫人读书、习艺。既为皇帝服务，就不能为他人做事了，所以唐玄宗命令他"非有诏不得画"，不经皇帝允许，不能为别人画画。过了不久，晋升为"宁王友"，从五品。所谓"友"，并非"朋友"之意，而是宁王府的一名属官，有才学的名士才能充当，吴道子受到皇帝的重视。宁王名李宪，是唐玄宗的亲哥，他也是个绘画爱好者，善于画鹰马。吴道子听命于宁王李宪倒也合意，二人颇有共同语言。宁王李宪非常欣赏吴道子的绘画才华，为他提供了优裕的物质条件，使得吴道子衣食无忧。更让吴道子惊喜的是，他可以随心尽情临摹内府所藏的名画珍品。因此，吴道子此时的绘画创作环境特别优越，从而激发出他极大的创作热情，他的创作也达到了一个高峰期。他善画寺庙壁画，仅在长安和洛阳两地寺庙内，就画了300多幅，影响很大。

吴道子作为宫廷画师，常随唐玄宗巡游各地。一次，他随驾来到东都洛阳，会见了将军裴旻和书法家张旭。裴旻善于舞剑，张旭长于草书，吴道子精于绘画，三人各自表演了自己的绝技。裴旻当即舞剑，收放有序；张旭挥毫泼墨，写书满壁；吴道子泼墨作画，满壁生辉。史书载："裴剑舞一曲，张书一壁，吴画一壁，都邑人士一日之中获睹三绝。"在一天之中洛阳士庶欣赏了当时三位顶尖文艺家的表演，大饱眼福，传为东都之盛事。

唐开元十一年（公元723年），除夕前两天，唐玄宗骊山归来，身患疟疾，诊治月余，仍不见效。他身心交瘁，饮食不思，彻夜难眠。一夜梦见一小鬼进入寝宫，小鬼一身红衣，一足穿鞋，一足赤脚。找到杨贵妃的紫香囊，拿在手上乱跑乱跳。唐玄宗害怕，突然一壮士闯进来。壮士相貌奇异，头戴纱帽，身穿蓝袍，袒露一臂，足踏朝靴。他上前捉住小鬼，挖出小鬼双眼珠，一口吞下，劈开小鬼四肢，吃尽小鬼全身。玄宗惊问："你是何人？"壮士说："吾乃终南山下进士钟馗也，因貌异不被录取，愤而撞柱殒命，因感念皇恩，发誓替陛下除尽天下妖孽！"说毕遁去，不见踪影。唐玄宗一惊梦醒，大汗淋漓，顿感全身轻松，大病痊愈。梦中钟馗的形象历历在目，于是便立即诏画师吴道子进宫，把梦中之事告诉他，并命他把钟馗画出来。吴道子就按玄宗所说的钟馗样子画了一幅《钟馗像》，皇上一看，画像中钟馗怒目而视，怒发冲冠，狰狞丑陋，却有一身正气、凛然不可犯、勇猛震慑之态。唐玄宗凝视许久，然后对吴道子说："难道汝与我同梦此鬼不成？怎么会画得这么传神啊？"

北宋科学家沈括的《梦溪笔谈》记载了吴道子画钟馗像的故事，这幅《钟馗像》一千多年来流传非常广，至今民间还有贴钟馗像以驱邪的风俗。北宋神宗皇帝赵顼诏令画工临摹，并雕版会印，赐给朝廷大臣。自此所有府衙及地方官员，每年的除夕前，都要悬挂《钟馗像》，以避鬼魅。民间画工纷纷摹画，传入民间。于是，钟馗捉鬼、钟馗嫁妹等故事，百姓喜闻乐见。唐玄宗和吴道子联手创作的钟馗形象深入民心，影响至今。

3. 画笔难封

吴道子被唐玄宗诏为宫廷画师后，命令他"非有诏不得画"，成了皇帝的御用画家，不准为其他人画画。可吴道子本来就是民间画工出身，特别喜欢与百姓交往，即便是他被召入宫中成为宫廷画师之后，他还是念念不忘百姓，尽自己所能，满足百姓的要求。他常到寺庙作壁画，这时，便有许多人向他求画。吴道子感到这是为百姓画画的好机会，所以，只要是有人提出要求，他就有求必应。不管是画山水，还是画花鸟，或者画人物和走兽，只要百姓喜欢，他得空就给他们画。

为百姓画画的事终于被皇帝知道了，皇帝认为吴道子是神笔，他的画都是宝画，岂能随便给普通老百姓作画。于是就赐给他一个别出心裁的雅号，叫“封笔吏”。意思就是封住他的画笔，不让他再为百姓画画，只给皇帝画画，而且随叫随画。给皇帝画的画都叫“御宝”，不准民间私藏，私藏者要治罪。吴道子被赐“封笔吏”后，谁还敢找他求画？心系父老乡亲的吴道子不能为百姓画画，终日闷闷不乐。一天，他在街市闲荡，碰上了老师张旭和好友公孙娘子。他们一个书法奇绝，一个剑技精湛。二人见吴道子闷而不乐，就拉他去喝酒，吴道子说出了心中的苦闷。性格豪爽的公孙娘子听后哈哈大笑说：“我有办法了。”说罢，从腰间抽出三尺龙泉剑，朝窗户纸上弯弯曲曲一划，裂开一条弯曲的缝。吴道子恍然大悟，兴奋地说：“妙妙妙，封笔吏只能封我的笔，可没封我的剪刀。”从此，他凭借一把神奇的剪刀给老百姓剪画，人家要啥就剪啥，喜欢什么就剪什么。一时间老百姓的窗户、门头、墙壁、箱柜都贴上了他剪出的山水人物、花鸟禽兽。在中国民间艺术宝库中又添了一宝，剪纸艺术就这么流传下来了。

插图 7-3.1 吴道子“老子与尹喜图”画卷轴

这幅画应是表现老子过函谷关的情景。画面的中心人物是老子，他面如冠玉，慈眉善目，左手抚树干，低头若思。他右边是函谷关关令尹喜，尹喜左手拉老子手臂，右手拿一叠竹简，恳请老子写文章留下。旁边的小童从酒瓮中舀一碗酒敬献老子。老子左边的赤背老者依树洗耳恭听。画面一棵巨松作背景，状如龙盘风逸，两只蝙蝠拱卫，都象征老子的智慧和功德。与其他塑造老子形象的画作相比，这位老子少了些仙气，而表现了大哲人大智者的风范。画圣笔下线条飘逸简约，老子的智睿，尹喜对老子的敬重，老者的兴趣，小童的天真，都准确而传神地描绘出来了。

皇帝听说吴道子给老百姓剪纸作画，大为不满，认为光“封笔”还不行，还要“封纸”；光“封纸”也不行，还要封布、封帛、封绢、封绸，能画能剪的材料都要封。似乎吴道子为民的艺术道路都给封死了。但吴道子灵机一动，又想出了新招。于是他买来锤、钻、凿等开石工具，就在石上刻起画来。他给老百姓刻山、刻水、刻人、刻鸟兽。老百姓就拿这些石刻画来装饰房檐、门楼、墙壁、桌凳，美化了生活环境。吴道子的石刻作品流传广泛，留下许多遗迹，有“勒石遍江东”的说法。

吴道子绘画艺术创作，敢字当头，敢字领先。他画的人物，个个皆生面孔，毫无雷同。他画佛像，不沿袭印度佛教的形象模式，不画外国人，却按唐代妇女时样画菩萨，甚至依自己的相画男菩萨。画天王，他大胆描摹唐代武将形象。画帝王像，他竟胆大包天地照着当朝皇帝的脸型写真。为了艺术创作，他大胆求新。据史籍载，他曾在洛阳多间房子里画人物壁画，千人千面。他的山水画亦独具一格。他没有单纯画过山水画，而是把山水作为人物的陪衬，成为画中的背景，山水和人物并不讲比例，画中常常出现人物大于山的形象，或者树大于山的景色。吴道子的山水画自成一体，史称：“山水之变始于吴。”泼墨画、写意画、水墨画、白描画、墨竹画等皆为吴道子所擅长。吴道子绘画艺术的创新精神、敢于实践的胆识是他艺术生涯中的灵魂。

唐玄宗天宝年间（公元742—公元755年），一天，唐玄宗忽然想起蜀中嘉陵江山清水秀，宛如仙境，想要一幅表现嘉陵江山水美的画，任务就交给了吴道子。唐玄宗不只有很高的艺术欣赏水平，而且很懂艺术创作的规律。为了真实地再现嘉陵江山清水秀之美，即诏令命吴道子入蜀考察，实地写生。吴道子得此佳机，自然非常高兴。他到了嘉陵江，便漫游江上，纵目远眺，此地果真是好山好水，一幕一景掠过，但他并没有拿出画笔写生，没有绘制一张草图。而是把眼里看到的美景，心中体会到的感受，都一一铭记在心上。

吴道子游览了嘉陵江的山山水水，即回到长安复命。唐玄宗问他在嘉陵江写生的情况，他回答说："臣无粉本，并记在心。"意思是说，我没有带回草图，所有的美景我都记在心里。唐玄宗相信自己画师的能力，就命他在大同殿的墙壁上画一幅嘉陵江山水图。

在此之前，唐玄宗让擅长山水画的大画家李思训也在大同殿壁上画嘉陵江山水。他整整用了3个月的时间，画过一幅《嘉陵江三百里旖旎风光图》。

那一天，吴道子受命来到大同殿上，在墙壁前一站，不假思索，立笔横扫，顺势取势，状若旋风。他不是将嘉陵江山水表面罗列一番，而是把握住嘉陵江一山一水、一丘一壑引人入胜的境界，把那一带的山川壮丽优美与自然特色做了高度的概括，凝神挥笔，嘉陵江300百里的旖旎风光便跃然壁上。不到半日工夫，佳作完成。

吴道子画成，唐玄宗来到壁画前，凝神观赏，对吴道子高超的画技、娴熟的笔法啧啧称赞，大为感慨地说："李思训数

插图 7-3.2 吴道子"荆轲离家图"画卷轴

这幅描绘燕赵壮士荆轲肩负太子丹和乡亲们的重托，与家人和邻里告别的情景。画家描绘荆轲的夫妻之情，舐犊之心，对老人的担忧，呼之欲出。背景大树落叶萧萧，衬出了整个画面的悲壮、悲愤、悲凉和忧伤气氛。这幅画历经千年，虽画芯色墨有些褪外，但颇见清晰。

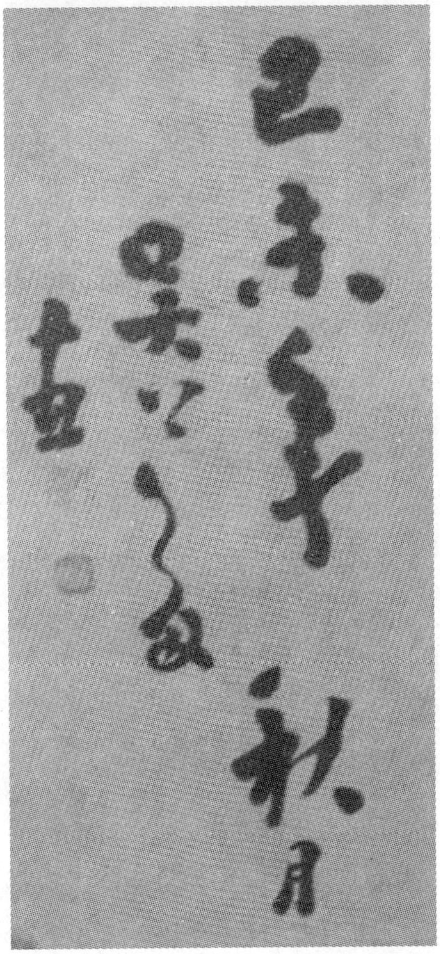

插图 7-3.3 吴道子两幅人物画卷轴中题跋的行草具名

吴道子年轻时曾拜草圣张旭学过书法，"道子"二字颇有张风。根据吴道子绘画技法熟练、一气呵成的画风，在画完此画后，顺手署名，其字体风格与绘画笔风相一致。

月之功，吴道玄一日之迹，皆极其妙也。”。凡见过他作画的人都说：“当其下手风雨快，笔所未到气已吞。”

4. 主画金桥

在吴道子家乡山底吴村“画圣纪念馆”大殿明柱上，有一副对联：“三峰山下出画圣声名动二京，大同殿上绘嘉陵风光惊一人。”下联对吴道子那幅“嘉陵江三百里的旖旎风光图”的高度赞美，上联是说他在长安、洛阳二京的名声很大。确实在二京期间，是他绘画艺术创作黄金时光。

相传唐开元十三年（公元 725 年），唐玄宗封泰山，吴道子陪同前往。为了显示大唐强大的国势和帝王天尊，去泰山前准备了半年之久。那年十月，唐玄宗率百官、贵戚及外邦客使，东至泰山封禅。所谓“封禅”，据《史记·封禅书》张守节《正义》解释：“此泰山上筑土为坛以祭天，报天之功，故曰封。此泰山下小山上除地，报地之功，故曰禅。”

出发时，随行人员从长安一直排列到洛阳。据史书描述当时的出行盛况：“百官、贵戚、四夷酋长从行。每置顿，数十里中人畜被野，有司辇载供具之物，数百里不绝。”庞大的队伍，十月从长安出发，十一月初才到达泰山。途经上党时（今山西省长治），唐玄宗骑着著名的“照夜白”宝马，在百官簇拥下，马踏金桥。道路九曲八弯，但见十里锦旗如林，遮天蔽日；盛大的队伍犹如巨龙，逶迤而动，十分壮观。大有“勒兵三十万，旌旗径千里”之势。唐玄宗看到此景，不禁踌躇满志，得意之情洋溢满面。兴致一来，即命人叫来随行的吴道子、韦无忝、陈闳三位画家，要这些名噪一时的画坛高手把这盛大宏伟的场面用画笔记录下来。吴道子等三位画家不敢怠慢，立即分工挥毫。陈闳主画唐玄宗的形象及唐玄宗的坐骑“照夜白”马，

插图 7-4.1 画圣祠

画圣祠位于吴道子故里禹州市西南鸿畅镇山底吴村。村中唐朝末年曾建“画圣神祠”，后被毁。新修的画圣祠，背靠九龙山。前有山门，两壁绘有吴道子的传世名作；门内有碑廊，树有名人书画碑刻；东西厢房，陈列有道子珍迹遗物；画圣大殿，正对三峰山之阳的吴道子墓园。殿后有角门，直通十八连环彩石洞，山下是吴道子垂钓的兰河。

韦无忝主画狗马、骡驴、牛羊等动物之类；吴道子主画桥梁、山水、车舆、人物、草树、雁鸟、器仗、帷幕等。《金桥图》绘成后，“时谓三绝”。画家们画好后，唐玄宗命名为《金桥图》。《金桥图》是吴道子一生中一项重要的艺术活动之一，展示了他全能的绘画技巧。

吴道子山水画的惊世技艺，在他主画的《金桥图》、独自画作《嘉陵江山水三百里图》中得到了最好的表现。

吴道子尤善画人物画，在宗教画上成就更为突出。其技法的变化使他的画风走向更加个性和独特，为画坛增添了一个独具魅力的画法。他早年绘画的行笔纹线较细，人到中年时笔法磊落多变。他创造了一种波折起伏、错落有致的“莼菜条”式的描法，如兰叶之流畅，极富节奏感和韵律感，加强了描摹对象的分量感和立体感，他突出了人体曲线和自然的结合，人物的衣袖、飘带，使人感到“虬须云鬓，数尺飞动，毛根出肉，力健有余”，有迎风起舞的动势，人们以“吴带当风”之誉，赞其高超的画技和飘逸的风格。这种画技在他的佛像画上，那圆转飘逸的笔势，被风吹拂的衣带，表现得更是酣畅淋漓。“吴带当风”四字，形象地给他的人物画做了准确的定位。

插图 7-4.2 吴道子绘画的关公像

宋朝苏轼在《书吴道子画后》中评说：“道子画人物，如以灯取影，逆来顺往，旁见侧出。横斜平直，各相乘除，得自然之数，不差毫末。出新意于法度之中，寄妙理于豪放之外，所谓游刃余地，运斤成风，盖古今一人而已。”(《书吴道子画后》）元代汤垕说：“吴道子笔法超妙，为百代画圣。早年行笔差细，中年行笔磊落挥霍，如莼菜条。人物有八面，生意活动，方圆平正，高下曲直，折算停分，莫不如意。其傅彩于焦墨痕中，略施微染，自然超出缣素，世谓之吴装。”（《画鉴》）。

吴道子作画，炉火纯青。他的画一直被视为收藏珍品，如宋代的宋徽宗就收藏了93件。他的画幅大的有216平方米之巨。据史记载，他曾在洛阳和西安两京寺庙里的300多间房中画了壁画。同时，他还画有大量卷轴画。吴道子是一位早熟的画家，画史上称他是“天授之性，年未弱冠，已穷丹青之妙”。他所画的人物、佛像、神鬼、禽兽、山水、台殿、草木等，都是冠绝于世的艺术珍品。唐代美术史论家张彦远评价他的画说“数仞之画，或画臂起，或从足先，巨状诡怪，肤脉连结”；画“弯弧挺刃，植柱构梁，不假界笔直尺”。宋代苏轼说：“横斜平直，各相乘除，得自然之数，不差毫末”；画佛像圆光，“其圆光立笔挥扫，势若旋风。”“老幼士庶竞相而至，观者如堵。喧呼之声，惊动坊邑”。就是说他作画时直梁挺柱不用界笔直尺，随手而出，横平竖直，不差分毫；佛像佛光，不用圆规，以肘抵壁，旋转而成；衣带飘举，满壁风动。并且往往有笔无墨，笔断意连，神生画外，骨气自高。妙笔生花，幅幅皆神来之笔，大家称他的画为活画。因此，民间有许多传说，把他当成“神”来颂扬。

有这样一个传说。画圣家乡有一个碾谷物的碾盘，外人看是个很普通的碾盘，可当地百姓说它特殊，其特殊之处就在于吴道子曾在上面画过一个大谷穗。自此以后，谁在上面碾米，一斗可碾出一斗二升来。关于吴道子活画的逸闻奇事，流传很广。他在大同殿上曾画了5条龙，“鳞甲飞动，每欲大雨，即生烟雾”，生龙活现。他画的人可“转目视人”，他画的驴能夜间拉磨，他画的蝈蝈会吱吱而叫，等等，听来生动有味。山东《滋阳县志》上记载了一个故事，说吴道子到曲阜的姚村时，在变桥泉边的土屋里画了100匹马，有人在夜里听到马蹄之声。县官听说此事，即命人将此屋的画移入县衙之内。可是，当工匠们千辛万苦地把画着100匹马的墙壁移到县衙时，马全都破壁而出，不见了踪影。

《吴峄书典》里还记述了一个吴道子画图缉盗的故事，说吴道子任山东兖州瑕丘县的县尉时，专管缉拿捕盗之事。有一天，县衙又抓来一名盗贼，关在牢内。这个盗贼趁夜下大雨之机，越狱逃之夭夭。可吴道子早已记下了他的面貌，凭着记忆，把盗贼的形象画下来。县衙派人依据这幅图像进行追捕，不久在汶上县捉到了这名盗贼。吴道子画像捉盗，一时传为佳话。

一天，吴道子到一寺庙造访僧人，并向僧人讨茶水喝，这位僧人哪知大画家到来，对吴道子有慢怠之态，不理睬他。他便向僧人讨来笔砚，在寺院墙壁上画了一头毛驴。夜里，僧人只听僧房里传来动静很大的响声，赶快过去一看，一头毛驴正践踏家具，一片狼藉，再去看寺院墙壁上画的毛驴已无踪迹。僧人马上明白了，赶紧邀请吴道子来寺院，恳求他修改壁画。吴道子应邀到寺中，“乃涂却画处”，寺院才平安无事。

开元年间，以舞剑、善射闻名的将军裴旻丧母，请朋友吴道子在洛阳天宫寺画神鬼壁画，以超度慈母亡灵。吴道子说：“若将军有意，为吾缠结，舞剑一曲，庶因猛励，获通幽冥。”意思是说：自己长久未作画了，只好先请将军舞一曲“剑舞”，以启发我的画思。裴旻一听当即脱去孝服，持剑起舞，只见他“走马如飞，左旋右抽”。突然间，又“掷剑入云，高数十丈，若电光下射，旻引手执鞘承之，剑透室而入”。被抛起数十丈高的剑，剑光闪闪，迅如闪电，然后他手持剑鞘承接，剑从空中准确地落入剑鞘之中。当时，几千名围观者为之震惊，叹为观止。吴道子也被那猛厉的剑舞气势感动，受到舞剑套数的启发和激励，顿生画思，若有神助，敏捷地挥毫图壁，顷刻功夫，墙壁上幻化出妖魔鬼怪，顿时觉得飒然风起。“道子平生所画，得意无出于此。”

5. 妙画钧瓷

吴道子在河南的佛寺道观留下很多壁画珍品。唐代画家、绘画理论家张彦远在《历代名画记》中记载：洛阳福先寺三阶院有一幅《地狱变》，天宫寺三门有一幅《除灾患变》，长寿寺门里东西两壁有《鬼神》，佛殿两轩有《行僧》，敬爱寺禅院内西廊有《日藏月藏经变》和《报业差别变》，弘道观有《东封图》等等。北宋著名书画鉴赏家和画史评论家郭若虚在《图画见闻志》中介绍开封的情况说，“大相国寺碑称寺有十绝”，“佛殿内有吴道子画文殊、维摩像为一绝”。南宋诗论家、词人葛立方在《韵语阳秋》中介绍汝州的情况说，先父文康公在北宋宣和年间（公元1119—1125年），赴任汝州长官，自己随往，在龙兴寺观看过吴道子的两幅壁画。一幅画的是印度维摩诘居士患病，文殊菩萨前来慰问，谈话间天女散花。另一幅画的是乔达摩·悉达多太子出游四城门，分别看到痛苦的病人、孤独的老人、死者的遗体和自由自在的出家修行人，决心出家寻求解脱，后来降魔成佛。“笔法奇绝。壁用黄沙捣泥为之，其坚如铁。”但当地民众不知道珍惜保护。先父上任后，“始命修整，置关锁，纳匙于郡治”。

插图7-5.1 吴道子画派绘画的佛像图（唐代）

佛像图改变了印度佛画的面貌，创造了连绵不断，可粗可细，运用自如的“兰叶描”。这种笔法绘画出的佛像，背上有圆光，人物像中的衣带疏密有致，飘飘若举，人称“吴带当风”。这种绘画技法标志着中国佛画的诞生，是中国人物画的一个里程碑。

张彦远在《历代名画记》中记载了吴道子这样两句话：“众皆密于盼际，我则离披其点画，众皆谨于象似，我则脱落其凡俗。”刻意求新、勇于创作是吴道子在绘画艺术上取得如此卓然超群的成就的重要原因。

吴道子与河南的情结十分深厚，不管他在得意之时，还是在低谷时，都忘不了家乡的父老乡亲，只要是家乡百姓要求的，他总是毫不犹豫地伸出援助之手。

吴道子被皇帝封笔之后，堵塞了他与百姓之间的交往之道，一气之下告病回到了家乡阳翟（今河南省禹州市鸿畅镇山底吴村）。吴道子本是民间画匠出身，家乡是成就他绘画的沃土，乡亲是最能理解他绘画的亲人，他喜欢和老百姓打交道，凡是穷人向他求画，他定有求必应。

一天，吴道子到禹州古钧台游玩散心。古钧台是中国历史上第一个奴隶王朝夏朝举行开国大典的地方。吴道子信步来到古钧台旁边的瓷窑，看到了窑工烧制成的瓷器。他拿起瓷器反复欣赏，对乡亲们的智慧十分赞赏。但他感觉出尽管瓷器的胎质浑厚，工艺精细，但釉色不佳。吴道子想：“朝廷封了我的笔，但封不了我拿笔的双手，用配制作画颜料的方法，帮窑工们改进一下瓷器的釉色总不会犯王法吧？”吴道子决定改进一下瓷器上的釉色。他反复琢磨着，不觉来到一个窑场门口，窑工认出他是大画家吴道子，非常高兴，将他热情迎进屋里，以茶水相待。吴道子看了看递到自己手上的茶碗说：“这茶碗做得精细，如能改进一下釉色，就是一件瓷器珍品。”窑工一听，赶紧求教。有一对亲兄弟，一个叫卢青，一个叫卢红。听了吴道子的话，卢青叹了口气说：“先生有所不知，俺爷当年是个烧窑高手，为了改进釉色，花了半辈子精力，到80多岁才烧出一件色彩如玉的花瓶，可惜被窑霸抢走了。爷爷去要，被窑霸恶狠狠地踢了一脚。爷爷带着终生的遗憾离开了人世。爷爷的配方也已失传。我爹为了完成我爷爷的遗愿，又继续摸索改进釉色的技艺。他摸索了一生但也没有挖出我爷用料的成分配方。现在我与弟弟卢红又费了不少工夫，仍不得门道。”吴道子说：“我们画画十分讲究颜料，我曾用过神垕山上几种彩石配制成的一些颜料。大家说我是神笔，其实这种颜料帮了我的大忙。”卢红一听，眼睛一亮，请求说：“先生，能不能用你的颜料在俺的坯子上试试？”吴道子笑着答应：“当然可以。”窑工们高兴极了，认为改进釉色有了希望。

山底吴村的西南有座九龙山，山上有几个石洞，有的很幽深。据说当年吴道子就常到洞里采集五彩石，研制成颜料画画，人们叫石洞为“彩石洞”。他在绘画着色上的运用，创立了不施重彩，淡赭轻抹，达到了清逸简雅的韵致。吴道子根据自己的用色经验精心为瓷器配制了颜料。他让窑工拿来制成的坯子，亲手把他配制的颜料，涂抹在坯子上面。涂好以后立即装泥坯推进窑里烧制。烧了几天，出窑的日子到了，窑工们怀着激动好奇的心情打开了窑门，一件件精美的瓷器展现在面前，彩色绚丽，美不胜收。大家手捧瓷器赞不绝口，更对吴道子连声道谢。特别是卢青、卢红万分感激地跪在吴道子面前说：“吴先生，你给俺带来了希望，窑民子孙万代都会感激你。为了纪念先生为家乡烧出了宝瓷，这瓷就叫‘道玄瓷’吧！”吴道子急忙扶起他说：“万万使不得，这颜料虽是我配制成的，但这瓷器的烧制主要是大伙的功劳。咱们阳翟有几千年的古迹叫钧台，这瓷就叫‘钧瓷’吧，让它和钧台一样流传百代。”从此，中国历史上瓷器的名牌产品钧瓷在中原诞生了。

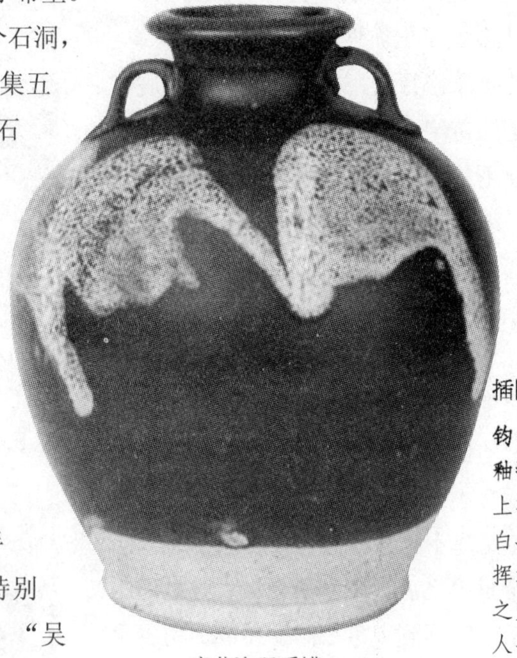

唐花瓷双系罐

禹州钧瓷发展到宋代，已是鼎盛。钧瓷历来被人们称为“国宝”，在宋代五大名窑中，以“釉俱五色，艳丽绝伦”而独树一帜。红里有紫、紫中有蓝、蓝里泛青、青中透红、青蓝错杂、红紫相映、五彩渗化、交相辉映，宛如蔚蓝天空中出现的一片彩霞。钧瓷不仅具有强烈的古典韵味，而且还把艺术、科学和历史融为一体，充分显示出含蓄、柔和之美。

现代钧瓷釉色欣赏

吴道子为家乡的钧瓷添彩增辉，表现出了他对人民的深厚情感。他爱憎分明，不但厌恶官场，而且厌恶达官贵人的丑陋。

传说吴道子在长安时，有一年长安千福寺建成了。唐代那些皇亲国戚、达官显贵们特别是那些贵夫人有一种“时尚”追求，都喜欢请人把自己的形象画下来，送到寺庙当菩萨供奉。唐玄宗有一个八姨，乃杨贵妃的一个姐姐，被封为秦国夫人。

插图 7-5.2 唐花瓷双系罐

钧瓷始于唐代。“唐花釉瓷”釉色则以褐为主，上有不规则彩斑，有月白、乳白、天蓝等色，挥洒自然、有烟云变化之美盛，莹润典雅，耐人寻味。唐花釉瓷产于河南省禹州市神垕镇瓷区，唐代的“花釉瓷”利用釉的流动呈现淋漓酣畅，大胆泼辣，似有意，似无意，似有形，似无形艺术魅力。唐代钧瓷从花釉彩斑的艺术风格，结合丰润端庄的造型，逐渐从日常生活用品过渡到审美需要的行列，以厚润端庄的审美风仪称雄于世，为以后钧瓷业的兴盛打下了坚实的基础。钧瓷艺术至北宋更完善成熟。

插图 7-5.3 现代钧瓷釉色欣赏

钧瓷的釉色莹润，色彩缤纷。宋代首次烧出紫红色窑变铜红釉的钧瓷，钧瓷釉层结构复杂多变，其釉或色青如蓝天，或月白如玉，或红如海棠，或紫若玫瑰，或蓝红相映。晶莹润泽，凝厚深沉。“入窑一色，出窑万彩”的“窑变”，神妙无比，神秘莫测。

八姨秦国夫人想找人为自己画像，送到千福寺去供奉。于是就想到了大名鼎鼎的吴道子。吴道子听说是为这样的人作画，心中愤懑就推辞说："圣上有旨，非有诏不得画。"八姨有通天本事，她立即到玄宗那里讨了个口谕，命吴道子为她画"写真画像"。吴道子胆子再大也不敢违抗圣命，被逼无奈只得去给八姨秦国夫人作画。画像开始了，八姨秦国夫人在吴道子面前忸怩作态，摆出了自己感觉最得意的姿势和表情。吴道子见她丑态百出，厌恶之极。心想杨贵妃一人得道，鸡犬升天，杨贵妃的三个姐姐也都得封，贵为夫人，经常出入皇宫，陪玄宗游宴、赌博、挥霍无度；甚至不顾人伦廉耻，与皇帝眉来眼去。像这种人哪配为其作画，想到这里，吴道子计上心来，他挥笔画成了一幅肤色艳丽的"菩萨像"。

这幅画上的"菩萨"，那高耸的云髻、绝红的缤花、弯弯的娥眉、小巧的嘴唇、粉白的颈项、白皙的胸脯、翠绿的璎珞，形象艳丽风骚。那位智商不高的八姨拿着画像看得心花怒放，称赞画得好，立即派人送给千福寺，让道宣和尚放在供奉神位上。道宣和尚收到画像一看，眉头紧皱，良久未作声。送画人忙问有何评价，以便复命。道宣和尚叹口气说："此画画的人物活灵活现，无可挑剔，但有点风尘模样。"原来吴道子画像时，按照芙蓉馆里一个妓女的打扮装束画的。八姨听到传话，恼羞成怒，马上到唐玄宗那里告状，要治罪吴道子。唐玄宗看了看画像，笑了笑，又让吴道子为八姨画了一幅"正宗"的秦国夫人的人像才算了事。

6. 三次入蜀

吴道子一生三次旅居四川。

第一次入川时，吴道子很年轻，当朝宰相韦嗣立被贬到剑南蜀道（今四川省双流县）当县令，吴道子跟随到了四川，那里雄奇俊美的山水和秀丽幽雅的风光吸引了他，他又一次开启了灵感的大门，感悟出许多自然界和绘画艺术上的真知灼见。他抑制不住创作欲望，激情洋溢地创作出不少传世佳作。他在蜀住了3年，画了3年。他的山水画已超越古人，在蜀中名气很大，那时他还不到20岁。

第二次入川，是吴道子到长安当了宫廷画师之后。唐天宝元年（公元742年）盛夏，唐玄宗命吴道子入蜀考察写生，绘制嘉陵江山水风光。从四川回来之后，应皇帝之命画了一幅《嘉陵江三百里风光图》，得到了皇帝的赞赏。这幅图全面展示了吴道子绝世的画技与独特的画风。

第三次入川，是在"安史之乱"中。唐玄宗天宝十年（公元756年），"安史之乱"爆发，当年8月唐玄宗仓皇逃至四川成都避难，随行人员达1300人，吴道子也跟随到了四川。

唐玄宗带着流亡政府逃难，早已没了赏画的闲情逸致，画家吴道子难免被皇帝冷落。吴道子为了排遣心中的无奈再次请求出游。可到哪里去呢？这时，蜀地西陲和南端都有外族乘战乱之机趁火打劫，西有吐蕃骚扰，南端有南诏入侵，不便前往；而西川的岷江、东川的嘉陵江流域自己都曾经去过，其可游之地只有较为安宁的中川的沱江流域。于是，吴道子东出成都锦里，南下资阳县（今四川省资阳市）。

资阳地不过千余平方公里，人不到3万，未受战乱影响，社会宁定，特别是这里山水秀丽，是画家的钟爱，吴道子便在这里择地而居了。

此时吴道子年已古稀。他在长安长达40余年，多在寺庙和宫廷作画，早已有了浓厚的佛道思想。所以，在资阳居住期间，他为当地的寺庙所吸引。汉朝末期修建的古刹觉林寺、旺盛的香火、莲台寺开山祖禅师智诜、武则天赐予的达摩袈裟、驷马里（今四川省资阳市雁江区临江镇）王褒老宅改建的灵仙观里、千奇百怪成仙成佛的传说，如此等等，让他入迷，这些都收入了他的画卷。可是，一代画圣何时在资阳默默无闻地仙逝，史无记载。当时，他在资阳的弟子卢棱伽也无交代。诗圣杜甫流落成都、书法家颜真卿在资阳题写放生池碑，史册均无记载与他交往的史实。“安史之乱”后唐玄宗回到长安，所带回的文人、画家中，也没有吴道子的名字。

相传有一天，吴道子骑上毛驴，身背画具，奔往资阳县（今四川省资阳市），被资阳的秀美山林，丰水盛草所迷恋，即选择佳境，结庐而居。他选择的这个佳境，不为人知。从此，人们再也没看到过吴道子了。

插图7-6 送子天王图（局部 吴道子绘）

《送子天王图》，是吴道子的代表作，遗存的是宋人李公麟的临摹本。画面上印度净饭王和摩耶夫人抱着降世的儿子悉达太子（佛教始祖释迦牟尼），去朝拜大自在天神庙，诸神向他礼拜。人物面部表情庄重之中透出内心的喜悦。飘然的衣带，增强了人物的动感，“吴带当风”的奇妙画法，淋漓尽致地表现出来，令人叹为观止。

画圣悄然而去不仅为后人留下了许多画坛珍品，也留下了许多美丽的传说。

传说，有一天资阳有一乡绅叫王播，听说吴道子大师在此隐居，就设法找到大师，向吴道子求画。吴道子推托不过，就给他画了一只梅花鹿。王播看画上的鹿栩栩如生，连连称赞：“真是神来之笔，先生真乃神人也！”正在他欣赏反复玩味之间，画上的鹿突然从画面上跳了下来。王播慌忙去抓，可那鹿左旋右绕，前后奔突，十分灵巧，难以捉住，王播累得满头大汗。吴道子便对着鹿轻轻一呼，用手一招，那鹿便摇头摆尾过来。吴道子跨上鹿，朝山坡奔去。王播在后面追。鹿到一山洞前，便钻了进去。王播到跟前一看，山洞深不见底，轰隆一声，洞门关闭。王播就用青石条将洞装饰一番，筑造了坟台，竖起了栏杆，建制了牌坊，雕刻了奔鹿，在洞前题写了三个大字“真人墓”。

在资阳，还有一个与“真人墓”的传说有异曲同工之妙的“仙人洞”传说。资阳县（今四川省资阳市）有座山叫“小昆仑”，小山临江处有个洞，吴道子年老修行于此。每天早晨，当地百姓总能看见从洞中出来一位老翁，白发、白眉、白须，坐在洞前一古树下梳头，一旦发觉有人看他，就忙入洞中。洞的附近有个小村叫瓦窑沟，村中有几个妇女想看个究竟，就把老翁用的梳子偷了过来。她们用这把梳子梳头，头发稠密了；给秃子梳头，秃子竟长出满头黑发。人们都觉得这老翁不是凡人。有几个胆大又好奇的村民在老翁梳头时，屏住气儿朝前走去。那老翁见有人朝自己走来，立即走进洞中。那几个村民紧追不舍地跟进洞里。他们越往里走，觉得洞越来越深。正走着，突然一道白光闪动，跳出一只白鹿，鹿背上骑着一位老翁，一直向洞外跑去。众人忙追出洞，白鹿已不见踪影，那位老翁也飘然而逝。再后来，人们都说那位神秘的白发老翁就是吴道子。村民们把那个洞叫“仙人洞”，也叫“神仙洞”。

元代有一个传说，资阳县（今四川省资阳市）有个瓦窑沟，有一李姓官员到过这个地方。他了解到这里是画圣吴道子的坟茔所在地，认为风水好，就选定这里作为自己将来的坟地，改名叫“李家沟”。相传李家沟仙人洞前有一石棺，是吴道子的棺椁。石棺长2.4米，宽0.8米，高0.86米，扇形棺盖。棺呈棕红色，与吴道子家乡出产的彩石颜色一样。石棺过去曾有3次被盗贼挖出，但都未能打开。

这个传说传至20世纪军阀混战的年月，有个军阀听说李家沟有个石棺无人能打开，这里定有财宝，他就派兵去砸石棺，果然打不开。他又派人在石棺上放了30千克炸药，一声巨响过后，大家上前一看，石棺只炸了一角。大家打开棺盖，一缕白烟冲天而起，化成一团白云，云头一位老人骑着白鹿飘然逝去。

一个个引人入胜的传说让人感受到画圣吴道子在百姓心目中的崇高地位。有人根据一些史料推测，吴道子在资阳定居时已年迈体弱，无力实现返乡的愿望，在穷困中客死他乡。他去世的时间应该在唐乾元三年（公元760年），享年80岁。他死后葬于今四川资阳县城北15公里处的李家沟村，后人称之为“真人墓”。

吴道子死后未归故里，家乡的父老乡亲不迎他回乡于心不安。1989年，当地政府报请中宣部和文化部批准，从四川省资阳县（今四川省资阳市）将吴道子的“真人墓”迁回故乡，安葬于禹州市鸿畅镇山底吴村文峰山上。经过近千级台阶，就到达吴道子墓园。

三峰山南山麓下是画圣故乡，左为兰河，右为平原，绝对的好风水。兰河曾是吴道子闲情的“垂钓处”。兰河之畔边有一著名寺院，叫法融寺。唐代开元十七年（公元729年），吴道子从长安回到家乡，曾在寺的两壁上画了著名的壁画。距此不远的九龙山上，每年都有庙会，上香游览的人满山遍坡，其中必有很多很多为画圣吴道子而来的朝圣者。

第八章 文圣韩愈

圣贤

第八章 文圣韩愈

八

文圣韩愈

1. 起名选“字”

被称为中原“文圣”的韩愈，是河南河阳（今河南省孟州市）人。因韩氏郡望为昌黎，故自称“昌黎韩愈”，他的文集称为《昌黎先生集》。韩愈的家是一个书香世家，他出生于唐代宗大历三年（公元768年）。唐代宗李豫是唐肃宗李亨的长子，李亨死后他在宦官李辅国、程元振的拥立下登上皇位。唐代宗李豫上台后，平息了“安史之乱”，但又招来了“藩镇之患”。因为“安史之乱”平息后，唐代宗认为社稷大功告成，国泰民安了，所以他对安禄山、史思明的旧将和亲族不但不追究责任，反而对各级民吏加官晋爵，安史旧将亲族一跃成为大唐的节度使，据守一方，形成了新的藩镇。唐代宗对各节度使采取退让保平政策，息事宁人。唐大历三年（公元768年），节度使李怀山被幽州兵马使朱希彩杀掉，唐代宗不加追究，任命朱希彩为节度使以代李怀山。朱希彩的部将又杀了朱希彩，唐代宗又不予追究，推经略副使朱泚做了节度使。潞州节度使薛嵩死后，他12岁的儿子接替，小子办不成事，又把节度使让给了他的叔父，对此唐代宗听之任之。唐代宗的纵容使得各节度使肆无忌惮，各自独立，成为一个个封建军阀王国。他们之间争夺地盘，相互厮杀、对抗中央，极大地威胁着唐王朝的政权。

插图8-1.1 韩愈画像（邮票画像）

韩愈（公元768—842年），唐朝文学家、思想家、政治家。他的诗想象奇特，气势宏伟，追求散文化的语言风格，有“文章巨公”和“百代文宗”之名，明朝人列他为“唐宋八大家”之首。现存有《昌黎先生集》。1983年8月10日发行了《中国古代文学家》一套邮票，邮票上绘制的人物图案生动传神，表现了这些古代文学家的风采神韵。这套邮票设计者为我国著名工笔重彩人物画家刘凌沧先生。画家采用了中国传统人物画像技法，“院体法”和“文人画方法”巧妙结合，相得益彰。

韩愈就在这个混乱的政局中降生了，更不幸的是出生不久，母亲过世，到3岁时父亲又撒手而去，韩愈成了孤儿。不幸中有幸的是，他有一个好大哥韩会，韩会收养了他。更幸运的是，他遇到了一个贤惠的大嫂郑氏，郑氏不但抚养他，还担起对小韩愈的文化教育。在大哥大嫂的抚养教育下，他从3岁起就开始识文，每日可记数千言，不到7岁，就读完了一些幼童启蒙之书，还读了一些诸子之著。哥嫂为他人生奠定了坚实的第一步，实为难得。

韩愈到了入学的年龄时，嫂嫂郑氏想到弟弟还没有个入学的雅名。于是，她便翻书查卷，左挑右选地为他起名。但不是嫌字义不佳，就是嫌字太俗，挑来拣去，半个时辰还没有选定一个又美又雅又中意的学名。韩愈看到嫂嫂这么焦急，便问："嫂嫂，你究竟要给我起个什么名字呢？"郑氏咬文嚼字地说："你大哥名会，二哥名介，这'会'和'介'都是'人'字作头，象征他们都要做人群之首。'会'乃聚集之义；'介'则有耿直之义。我想，三弟的学名也须找一个人字作头的字，含义更要讲究才好。"韩愈受到启发，忙说："嫂嫂，不必翻书了，有了！"嫂嫂说："快说是什么字？"韩愈说："最好的字是'愈'字，我的名字就叫韩愈好了。"嫂嫂忙问："此字有何佳意？"韩愈说："愈，超越也。我长大以后，一定要做一番大事，前超古人，后无来者，绝不做平庸之辈。"嫂嫂一听，拍手叫绝："好！好！好一个'愈'字！"

韩愈长到19岁，英气勃勃，才华横溢。这年恰逢皇科开选，嫂嫂郑氏让他进京应试。韩愈年轻气旺，自恃才高，认为稳操胜券，入场便可得中，没把同伴放在眼里。但结果大出意料，他名落孙山。

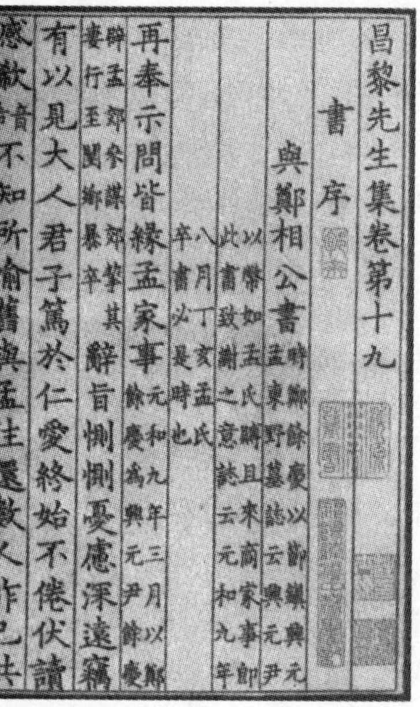
昌黎先生集卷第十九
書序
與鄭相公書
再奉示問皆緣孟家事
辭旨惻惻憂慮深遠竊
有以見大人君子篤於仁愛終始不倦伏讀
感歎不知所喻舊與孟往還數人昨已共

插图 8-1.2《昌黎先生集》书影

韩昌黎散文气势充沛，纵横开阖，形式多样，力求创新，奇譬巧喻，逻辑严密。韩愈文章以排斥佛老、阐明儒家之道为宗旨，后世尊为"唐宋八大家"之首。其诗歌创新探索，所谓"以文为诗"，别开生面，用韵险怪，开创了"说理诗派"之诗风。有《昌黎先生集》《外集》十卷等传世。

韩愈有股韧劲，虽然没有考中，但他不服输，还要再上考场。他没有回家，参加了第二次考试，仍没有考中。考不上还要考，他坚持在京几年，一连考4次，才中了第十三名。之后，又连续三次殿试，仍没得一官半职。此时，他银钱花尽，但仍不回乡求助，移居洛阳投靠朋友。在洛阳，通过朋友穿针引线做媒，他与河南府法曹参军的女儿卢小姐订了婚。参军威望高，卢小姐才貌双全。上门女婿韩愈住在参军家里，等待吉日完婚，二人感情甚笃。卢小姐天性活泼，为人坦率，她非常敬慕韩愈的才华。但细心的卢小姐发觉韩愈流露出自傲情绪，为他的前途有些担忧。一天晚上，在花前月下谈诗论文，韩愈谈到了自己几年来求取仕途失意之事。卢小姐明白他失败的原因是太自傲，并且她也感到韩愈的自傲之情有增无减，于是便趁此机会和颜悦色地说："科场失意乃常事。家父总是向我夸你学识渊博，为人诚挚，我想你日后定有大的作为。你科场失败，必有自己的不足之处，眼下应找出个缘由才是。"韩愈一听，觉得有理，连连点头称是。他说："你讲得有道理。常言说，自己看不见自己脸上的黑，请你赐教。"卢小姐一听"嗤"地笑了，说："你真是聪明人！"随即展纸挥笔，写下一句话："人求实言，火求心虚；欲成大器，必先退之。"韩愈拿起一看，方有大悟之感，心中暗想，自古道骄兵必败，自己身上缺少的正是谦虚之心。自己的名字"愈"就多了几分骄情傲意。想到此，他当即决定要给自己"退火降温"。于是，他即选用了妻子赠言中的最后两个字作为自己的字：退之。名"愈"，字"退之"，既要超越，又要谦虚。退一步海阔天空，果然，韩愈在以后得到了自己广阔的新天地。

韩愈的人生转机在唐德宗时期姗姗而来。唐德宗李适为唐代宗李豫的长子，代宗病逝后继位。唐德宗继位之初，对前朝许多弊政进行锐意改革，特别是在唐贞元八年（公元 792 年），唐德宗收揽贤达，启用了政治家、文学家、古文改革家陆贽出任宰相，任他为当年的科选主考。又让散文家也是古文改革家梁肃协助陆贽主试，二人都很重视选拔贤才之辈。幸运的韩愈同其他 7 位有真才实学的考生名登金榜，都被录取为进士。按唐代科举制规定进士及第后，仅仅是获得了一定的任职资格，并不能立即入仕为官。大多考上进士后，少则一年，多则几年，有的长达十几年，再经过吏部的铨选考试后，才得以量才录用，得到正式任命。这种考试分“科目”考，科目多达十几种，其中“博学宏辞科”为首要，要求高，难度大。“博学宏辞科”既要“博学”，有渊博精深的学识，又要有“宏辞”，即有优美恢宏的文采。被录取者会享有崇高的地位。心气很高的韩愈选考的科目就是“博学宏辞科”。但是，他接二连三地进考场，都未能如愿。他的锐气受挫，加之经济拮据，为了生计去了东都洛阳。韩愈在洛阳遇到了贵人相助，当朝宰相董晋看好他，任他为“观察推官”，是司法机关的办事员。虽是九品芝麻官，但也是正式迈进了官场的门槛，从此开始了他的仕途生涯。

2. 叔侄之情

人杰与地灵密不可分。韩愈的家乡河阳（今河南省焦作市孟州市）历史悠久，文化厚重。

孟州市位于河南省的西北部，在新石器早期就有人类在此活动，古称孟涂国。这里有东汉名将姚刚、姚期的名冢和遗迹。孔子和老子当年曾在孟州相逢论道，留下佳话。周武王伐纣时曾在孟州境内筑坛会盟八百诸侯。古代著名的美男子潘安曾任孟州县令，留下许多美谈。《水浒传》中的快活林、十字坡、飞云浦、安平寨等许多脍炙人口的故事就发生在孟州。唐代诗人李白、杜甫、白居易都到此游览过。

孟州最出名的一位韩姓神人叫韩湘子，韩湘子是民间传说的八仙之一。《唐书·宰相世系表》《酉阳杂俎》《太平广记》《仙传拾遗》等史书，都有关于他的记载。据元朝人所著《韩湘子引渡升仙会》《韩退之雪拥蓝关记》中记录了韩湘子的身世和他得道成仙的故事：韩湘子原是道教中的神仙东华公、西城公座前的一只白鹤，这只白鹤经常听仙人们讲道，悟性越来越高，大有得道成仙之势。但是，它毕竟是一只鸟，按仙界规矩，不得列入仙班。后来，全真道祖师道教仙人吕洞宾看它是可造之才，就教它先转化为人类，再修炼成神而位列仙班。于是，就把它的羽毛脱掉，让它投胎人间。脱去羽毛的白鹤投胎到河阳（今河南省焦作市沁阳市）韩家，出生后取名韩湘。韩湘自幼父丧母逝，他的叔父韩愈承担了抚养侄子的任务。韩愈希望他攻读儒学，培养其成长。身为道教仙祖的吕洞宾怎允他学儒学，于是就化名为“官无上”前来点化，传授道教，韩湘子潜心学道，终于得道成仙。成仙后的韩湘子很想让学识渊博的叔父韩愈学道教，并多次点化韩愈，但韩愈始终不悟。

坊间关于韩愈与韩湘子的关系，流传着一则美丽的民间传说，别有情趣。

韩湘子本来名叫韩湘，是唐代著名的文学家韩愈的侄子。韩湘子自幼懒读诗文，传说他天生仙骨，率性而行，厌恶繁华艳丽之事，喜好恬淡清幽之境。佳人美女，不动其心；美酒佳肴，不丧其志，轻功名如粪土，视做官如草芥。他专心于修炼，潜心于道学。

韩愈很爱这个侄儿，常常劝导他好好做学问，但韩湘子却说："我所学与您所学是不同的。"韩愈和他的妻子束手无策很是发愁。他们想是不是为其娶了媳妇也许就会静下心来读书，将来有个好前程。于是，就托媒人给湘子说了个媳妇。这个小姐长得俊俏，又很贤惠，可谓百里挑一。可成婚之后，湘子根本不把妻子当回事，依然如故学道。韩愈心想："我身为礼部尚书，主管教人知书达理之事，在家中却管教不好自己的侄子，如何教育天下人？"他越想越气，又对韩湘子开导一番。

插图 8-2 八仙图（清 黄慎）

八仙，是指民间流传的道教八位神仙，韩湘子是八仙之一。清代画家黄慎的绘画笔法着重写意，刻画对象不拘泥形式。郑板桥曾赠诗黄慎的绘画艺术评说："爱着古庙破苔痕，惯写荒崖乱树根。画到情神飘没处，更无真象有真魂。"概括精辟。画史上以"八仙"为题的画作很多，这幅"八仙"图没有取常见的"瑶池祝寿""八仙过海"等题材，黄慎另辟蹊径，撷取了八仙小憩场景，着力描绘。图中张果老击渔鼓作歌，汉钟离拊掌击节、应声而和，铁拐李、何仙姑、曹国舅、韩湘子聆听入神。蓝采和听歌拈花，神情专注，连吕洞宾拿麈尾戏抚他的头，他都没有反应。八仙八姿八态，出神入化，惟妙惟肖。

韩湘子心里也很郁闷，其学道成仙的决心坚定不移。他一气之下，就走了。一天，走进一座大山里，看见两位老人在老松树下下棋，一问才知道这是终南山。他看出这两位老者仙风道骨，不是凡人，油然生出敬意，心中非常高兴。其实，这两位是道家的祖师爷，一位是陈抟老祖，一位是洪钧老祖。陈抟老祖问他从哪儿来，到这儿有何事。韩湘子说明了自己的心意，跪下心诚地说："道长，收留我吧！"陈抟老祖见韩湘子真心实意，就收下了他。从此，韩湘子跟着陈抟老祖住在深山，苦读经典，学习炼丹、登云之术。3 年下来，湘子获得了精进学业和道术，便回家了。

回到家里，他反而要叔叔韩愈学习道教，进行修炼，韩愈根本不相信道教的理论。韩湘子不甘心，又想度化叔叔，要用法术来打动他。这一年天逢大旱，皇帝命韩愈去南坛祈祷上天降雨。韩愈多次祈求，不见效果，惹得皇上恼火，要罢免其官职。韩湘子表现的时机来了，他装扮成道士，在街头立一招牌，上写："出卖雨雪。"有人马上通报韩愈，韩愈即派人请他代为祈祷。选定日期，韩愈和道士同登台祈祷，道士作法，瞬间天降鹅毛大雪。韩愈不信是道术所然，于是问道士："这雪是我求来的，还是你求来的？"道士说："是我求来的。"韩愈说："有何凭据？"道士说："这雪三尺三寸厚。"韩愈派人一度量，果然如其所说，韩愈信服了。但他不知这道士的真实身份。

韩愈过生日那天，亲朋好友前来登门致贺，韩愈大设喜宴。韩湘子也来祝寿，韩愈见到久别的侄儿，又喜又气。韩愈问他："你在外游历几年，学问是否有长进？

你作一首诗来表达你的志向。”韩湘子不假思索开口吟道：“青山云水隔，此地是吾家；手扳云霞液，宾晨唱落霞。琴弹碧玉洞，炉炼白朱砂；宝鼎存金虎，芝田养白鸦，一瓢藏造化，三尺新妖邪；解造逡巡酒，能开顷刻花。有人能学我，同共看仙葩。”他还是念念不忘说服叔叔学道的事。

韩愈又问他：“你真的有造化自然的本事吗？”韩湘子当场演示。韩愈命他“造酒开花”。韩湘子搬来一个大酒樽，用金盆盖住，过一会儿开樽一看，美酒飘香。酒造出了，韩湘子又聚土成堆，很快，只见盛开碧花一朵，花与牡丹一般大小，但颜色比牡丹更华丽。花上有金字二行：“云横秦岭家何在？雪拥蓝关马不前。”韩愈不明白这是何意。湘子说：“天机不可泄漏，日后自会应验。”在座的宾客无不称异。酒席散时，韩湘子便向韩愈告辞而去。

3. 二次被贬

唐贞元十七年（公元 801 年）初冬，韩愈被委任为国子监“四门博士”，终于如愿入朝为官。国子监是唐朝的最高学府，长官称为“祭酒”，专管儒家经典。国子监下设 7 个学馆，学馆里主讲教师称为“博士”。据《魏书·儒林传》载，北魏时期创立“四门小学”，选用儒生充任博士，以传授儒家经典。它初设于京师四门，京师四门的博士就被称为“四门博士”。韩愈一到任上，对职位很小的四门博士深感不足，认为与自己的政治抱负相差很远。但他并不气馁，仍刻苦学习理论和进行文学创作。唐贞元十九年（公元 803 年），京畿遭大旱之灾，民不聊生。关心百姓疾苦的韩愈愤然上书御史台，论说旱民疾苦之状，并力请朝廷为百姓减免徭役赋税。这下可惹恼了唐德宗，他被贬为阳山（今广东省连州市）县令。

唐德宗死后，唐顺宗即位。新君登位总要大赦天下，韩愈虽在大赦之列，但却未官复原职。遗憾的是不久唐顺宗因病逊位，继承皇位的是唐宪宗，他忘却了赦免韩愈。直到唐宪宗元和元年（公元 806 年）夏天，韩愈才等来回长安之诏，被任命为“权知”国子博士。“权知”就是暂时代理或者是试用期的意思，但他总算开始了第二次国子博士生涯，是正五品的官。就是这么一个小官，仍然处处受人诽谤打击，难以得志。他便上书朝廷，要求调离京城，东迁洛阳。元和二年秋，他到了洛阳，仍为权知国子博士。直到元和四年，才得到皇帝的任命，由“权知博士”升任为“真博士”，但在洛阳的 3 年仍然无实权。这时的韩愈已过不惑之年，在清闲的日子里，他并没有消沉下去，依然关心国事、广交朋友、奖掖后学，为繁荣和发展古文和诗歌创作起到了关键作用。可在他知天命之年 50 岁那一年，不幸降临到他头上。

大唐第十三位皇帝唐宪宗李纯是位性格刚明果断的君主，在位期间削藩镇、平叛乱、选才贤、纳忠言、改革制度、励精图治，将唐帝国重归一统。在唐代中期和后期的君主里，他是最有作为的君主，历史上称之为“中兴之主”，就是这样一位明君，在信仰上却不“明”。

韩愈因跟随裴度征讨淮西吴元洛叛乱有功，升任刑部侍郎。此时的唐王朝渐有奢侈之风。特别是唐宪宗笃信佛教，拜佛成性。由于他的“示范”作用，带动朝野上下求神拜佛成风，搞得乌烟瘴气。更有甚者，他竟以秦始皇、汉武帝为“偶像”，四处寻求长生不死的“仙药”，最为可笑的事件就是法门寺“迎佛骨”。

佛教名刹法门寺在今陕西省扶风县之北的崇正镇。传说古天竺（今印度）国王阿育王笃信佛法。佛祖释迦牟尼灭度后，阿育王要在整个世界发扬佛法。于是，用神力役使鬼神，同一天在全世界修造了八万四千座佛塔，分葬佛祖释迦牟尼的佛骨（梵语叫“舍利”）。其中就有扶风县的佛塔，并围绕佛塔建筑了一座寺，命名“阿育王寺”。传说在这座宝塔的底层埋藏着释迦牟尼灭度后的一节手指骨，即佛的真身“舍利”，所以此塔一向被尊为“圣冢”，或旌为“大圣真身宝塔”。

据文献记载，陕西省扶风县的宝塔和“阿育王寺”始建于东汉，那时正是天竺佛教沿丝绸之路东来中国之际，已有两千多年的历史了。因为塔内藏有佛的真身舍利，所以人们认为此塔是极为灵应神圣的宝塔，古传“三十年开视迎取一次舍利佛骨，则岁岁丰收，政通人和”。

插图 8-3 迎法门寺佛骨图

佛教鼻祖、古印度迦毗罗卫国净饭王之子释迦牟尼涅槃火化后留下的遗骨称“舍利”。据说，凤翔（今陕西省宝鸡市扶风县法门镇）法门寺得一指骨藏于寺中佛塔。因此，唐代法门寺被誉为“皇家寺庙”，是举国仰望的佛教圣地。每30年开一次塔，取出舍利供人瞻仰参观。唐元和十四年是开塔的时期，唐宪宗要迎佛骨入宫内供养三日。韩愈闻悉，写《谏迎佛骨》上奏阻止。唐宪宗大怒，欲处死韩愈，经友人说情，贬为潮州刺史。

据史料记载，南北朝时期，法门寺仅是一座圣冢，圣冢常涌现瑞气，有时从地下涌出五颜六色的圣光，流播四周，磅礴数里，久久不散。经勘验方知这圣冢里是印度阿育王供养的佛祖舍利。

唐朝第四位皇帝唐中宗曾想开塔迎佛骨。但是，每次准备好去阿育王寺时，天气总是有变，黄尘蔽日、狂风大作。那时将“阿育王寺”改名“法门寺”。

唐宪宗对这动人的传说大感兴趣，大动心思。能迎法门寺护国真身塔内释迦牟尼的佛骨，展出一次，就会为我大唐带来国泰民安、五谷丰登的祥瑞。元和十四年（公元819年）正月，唐宪宗决定要迎佛骨进皇宫了。他派宦官率三十个宫女，手捧鲜花，到法门寺恭迎佛骨，打开在皇宫内供奉三天，然后到各寺院轮流供奉。

可那些宦官们心思不在供奉佛上而在银子上。他们感到发财的机会终于来了，便在路上假传圣旨，敲诈勒索。沿途红毡铺地，磕头膜拜，仪式隆重。上至王公贵族，下至百姓士民，必须“布施”，即施舍银钱。人们争相瞻仰，佛教徒们有的在头顶上，有的在臂膀上点香礼拜，虔诚之心煞是感人。有的百姓为布施钱财倾家荡产，无钱可捐的平民，则遵从和尚的“教导”，烧掉头发或烧自己手指，以苦行表示礼佛之诚心。供奉佛骨的寺庙更是热闹，每天从早到晚人群熙熙攘攘。长安城内风雨满城，闹得百姓不得安宁。

韩愈以刑部侍郎的身份巡视洛阳后，回到京城时，正赶上佛骨在各寺院展出的时期。他看到偌大的京都内，街上人烟稀少、商店关门、作坊闭户。寺院里却是另一番盛景，人山人海、烟火缭绕。韩愈了解了详细情况，感到“迎佛骨”劳民伤财，行为愚蠢，决意向皇帝进谏，力图劝阻。韩愈是儒家的忠诚信徒，是封建正统思想的维护者，他极力反对佛教和道教，想力劝皇帝停止这种活动。

韩愈的举动使亲朋担忧。韩愈过去曾因上书请求废免“宫市”而被贬官，若再进谏阻止皇帝所信奉的“迎佛骨”活动，那是太岁头上动土，必然招来大祸。然而刚正的韩愈执意上书，他说：“我深知一旦上书，即触犯天颜，但只要皇上肯听我的劝告，就是粉身碎骨，又有何惧！”于是，他不听亲朋劝阻，毅然写出《谏迎佛骨》一文呈给唐宪宗。皇帝看到韩愈的奏章，果然大为恼怒，说：“韩愈说朕奉佛太过，哪能容他。作为人臣，竟咒朕命短，如此狂妄，不可饶恕。”皇帝要杀韩愈。幸有宰相裴度、崔群等大臣极力劝谏，皇帝才息雷霆之怒。死罪可免，活罪难逃。韩愈即被免去刑部侍郎之职，贬为潮州（今广东省潮安）刺史，限日动身。韩愈别离妻儿，往潮州而去。

4. 华山长啸

韩愈离开京都，踏上征途，开始了他的第二次贬谪生活。

在路途中寒风急起，大雪纷纷。韩愈走到一处，雪有数尺之深，马难以前行，前不着村，后不着店，大地白雪茫茫，前进不辨方向，返回归路何方。风急雪飘，衣衫湿透，又冻又饿。就在韩愈绝望之时，突然看见远方有一个人，似从天降，顶着寒风，扫着路上的积雪，朝自己走来。那人走到近前，韩愈一看竟然是侄儿韩湘子。韩湘子问韩愈：“您还记得过去我在花上的题诗吗？”韩愈马上想起侄儿的题诗：“云横秦岭空何在？雪拥蓝关马不前。”韩愈忙问：“这是什么地方？”韩湘子答道：“这里是蓝关。”韩愈嗟叹良久，感慨眼前“云横雪拥”之难，说：“事物既然有此定数，我为你补齐那花上之诗吧。”

在大雪纷飞中，一首诗千古传诵的诗诞生了。《左迁至蓝关示侄孙湘》云：“一封朝奏九重天，夕贬潮州路八千。欲为圣明除弊事，肯将衰朽惜残年！云横秦岭家何在？雪拥蓝关马不前。知汝远来应有意，好收吾骨瘴江边。”诗中韩愈表示自己虽因“一封书”获罪，又贬于千里之外，但不后悔，自己忠心可鉴。在“雪拥蓝关马不前”的困难时刻，亲侄子韩湘子赶来鼎力相助，韩愈感慨良多，不觉向亲人流露了英雄失路、凄楚难言的悲情。

韩湘子把韩愈送到蓝关傅舍中借宿，韩愈这才相信韩湘子所说皆是真实的。这一夜，韩愈与韩湘子谈昔论今，深讨修真大道，韩愈心悦诚服。第二天辞行时，韩湘子取出一瓢仙药，让韩愈服一粒，可以御寒暑。韩愈恍然大悟。韩湘子说：“你不久就会回来，不只是没病，还将再被朝廷重用。”韩愈问道：“我们后会有期吗？”韩湘子答道：“不知道。”于是飘然而去。

韩愈到潮州就任后，韩湘子又南下潮州多方帮助叔叔治理政事。潮州人感恩韩湘子，建桥以为纪念，桥名为“湘子桥”。在今孟州市城东庙底村有韩湘子墓地，当地民间流传着许多关于韩湘子升仙成为八仙之一的故事。

韩愈被贬到潮州后，怀着对人民的深厚感情，为那里的百姓做了许多好事，政绩颇佳，受到百姓的爱戴。至今在潮州民间还有许多关于韩愈为官时的传说。相传，韩愈刚到潮州上任时，正逢大雨成灾，洪水泛滥，田园成了水乡泽国。韩愈不顾奔波劳顿，不计被贬的打击，立即投入了救民的工作。他到城外巡视，看到扑来的洪水汹涌澎湃，十分着急，担忧百姓受害惨重。于是，他骑马往城北看了水势，又察看地形。他吩咐随从紧紧跟在他的马后，马过之处都插上竹竿，作为修筑大堤的标志线。插好堤线，就通知百姓，要按线筑堤。百姓非常踊跃，纷纷赶来参加筑堤。赶去筑堤的人到了那里，大为惊奇，原来插下竹竿的地方，已拱出了一条山脉堵住了洪水。百姓们说："韩文公真是过马牵山！"潮州人把这座山叫"竹竿山"。

插图 8-4 韩愈《听颖师弹琴》诗意图

《听颖师弹琴》全诗从描绘演奏起笔，到琴声终止，诗人运用多种手法刻画了音乐的形象，描写了音乐的效果，从而表现出音乐的魅力和感染力，并把诗人坐立不安、泪雨滂沱和冰炭塞肠的感受，融入其中。明代著名画家杜堇细心体会其诗意，巧妙构思，绘制此图。画家刻人物用白描技法，线条流畅，轻重提按，情景交融，含蓄秀雅。山石树木安排简洁而自然，山石用侧锋斧劈皴，用笔缜密透逸。杜堇，工诗文，通六书，善绘事。是人物白描的能手，且绘花草鸟兽并佳，又能作飞白体，此图可见一斑。

韩愈在潮州任上得到百姓的拥护和爱戴，他尽力为百姓多做事。但是，他心中的苦闷总也排解不开。传说，他的侄儿韩湘子最知他的心，韩湘子到韩愈那里，劝说他到华山一游，以解心头之苦。本来就喜爱游览名山大川的韩愈平时政务缠身，无暇出游，现在侄儿的提议让他豁然开朗，去西岳华山一游，必开心怀。

于是，韩湘子陪着韩愈登上了以险著称的华山。来到山顶，韩湘子和吕洞宾便离开了韩愈，去他处游览。韩愈立于峰巅，放眼环视，层峦叠嶂，苍松郁郁，小径通幽，众鸟鸣啼，悦耳动听。华山的险、美、秀、奇之景，尽收眼底。此时的韩愈如入仙境，宠辱皆忘，不由得游兴更浓，便漫步上攀。观赏了镇岳宫、玉井楼、二十八宿潭。纵目远眺西峰、气势磅礴、莲叶覆顶、开石为洞，庙宇依山而建，蔚为壮观；道路凿石而成，山日天光，相互辉映，翠草绿树又有几许神秘。他触景生情，诗兴大发，吟咏着"太华峰头玉井莲，花开十丈藕如船"的诗句兴致勃勃地往极顶攀登，观赏"可通帝座"的仰天池，眺望南天门凌空的栈道。他走遍东峰，领略关中八景之首的"华岳仙掌"，下金锁关，登王云峰。正当他准备返身往山下走时，却发现自己已站在苍龙岭上了。

苍龙岭是从云台峰通往"天外三峰"的险径，远望犹如一条游龙直冲云霄，飘游于两山之间。龙脊突兀，宽不足三尺；两边俯视，万丈深渊。在云涌之时，若隐若现，宛似云雾中的一座独木桥。韩愈一看自己就站在这座"独木桥"上，不由得胆战心惊、目瞪口呆。他前进不能，后退不得；若日暮天晚更有虫兽出没。看到此，想到此，他身软腿颤，冷汗流淌。他把随身带的书籍等物扔掉，且放声大哭，悲叹道："难道我韩愈就葬身于此吗？"然而，他毕竟是大智之人，热爱生活、热爱生命是他的本性。他急中生智，急草一封救急信扔下山去。不久，华山采药人将信报给华阴县（今陕西省华阴市）县令，县令派人解救韩愈下山。后来，人们在苍龙岭顶端的“逸神崖”上刻下“韩退之投书处”6个大字。再后来，山西省有100岁老人赵文备游到此处，大笑而去。又后来，有人在旁刻下“苍龙岭韩退之大哭，词家赵文备百岁笑韩处”。到清代，李柏登华山至此作诗云：“华之险，岭为要。韩老哭，赵老笑，一哭一笑传二妙。李柏不笑也不哭，独立岭上但长啸。”

5.归葬故里

韩愈陵园始建于唐穆宗长庆四年（公元824年），距今已有1200年的历史。韩庄是韩愈的人生起点，陵园则是他人生的终点。韩愈陵园内有两棵颇有名声的柏树，称为“唐柏双奇”。这是一个感人的民间传说。

相传，韩愈的晚年仍住在京都长安，但他叶落归根的思乡之情日益加深。临终之时，他对家人说：“我将要入土了，朝中不会过问我的后事。我死后，请把我运回故乡河阳（今河南省焦作市孟州），入葬祖茔。”家人立即着手置备鞍马车轿，准备送病中的韩愈返乡。此时，韩愈已是病重体虚、气若游丝了。家人不敢怠慢，急忙带着韩愈往河阳赶。一路晓行夜宿，餐风饮露，备尝艰辛。

一天，他们来到东都洛阳，韩愈故地重踏，又见洛阳的繁华景象，想起自己曾在这里生活过，尚有留恋之情。一些熟悉的面孔出现在眼前，有同朝居官的僚友，有翰墨林苑的文友，令他思恋不已；而对当朝皇帝不辨忠奸、朝纲混乱又忧心忡忡。皇帝唐穆宗李恒昏庸奢侈，嬉戏无度，不问国政，致使藩镇叛乱、朋党争斗、宦官专权，政局混乱不堪。李恒效法他老子唐宪宗服用所谓的长生不老药“金石”，于

插图 8-5.1 唐柏双奇

韩愈陵园里有两棵两人合抱不住的大柏树，挺拔苍翠，为唐代遗物，系建墓时所植，距今已经1170年。当年遵照韩愈遗嘱，安葬时从长安移来，以慰其思念庙堂与长安百姓、友人。虽历经千年风霜寒暑，仍然生机勃勃，雄壮苍劲，巍峨高大，枝繁叶茂，树身略向西南倾斜，象征着韩愈虽身归故里却始终不忘朝纲，心念着长安的同僚，担忧着国家社稷兴衰。人称“唐柏双奇”。

长庆四年（公元 824 年）正月病死。而继位的长子唐敬宗李湛更为荒唐，贪玩成性，对国事不闻不问，权臣飞扬跋扈，各种矛盾愈演愈烈。

韩愈对此更加忧虑。他想到自己一生一心忠于皇室，但屡因直谏犯颜而遭贬谪的仕途，禁不住悲痛难抑，泪涌双眼。家人看到他伤心落泪，就安慰他说："老爷有何难为心事，请尽管吩咐，我们定尽力照办，以解你心头之忧。"韩愈深情地说："我一生颠沛流离，忧国忧民，我死后应让我安眠长息。我能回到祖茔更好，若不能回祖茔，途中死在哪里，就葬在哪里。我最大的心愿是在我的坟前栽上长安的柏树。因为长安有我的同僚好友和皇上，看到长安之柏，我会想起他们。"在场的人听了潸然泪下，立即表示决不辜负重托。

送韩愈的人马离开洛阳，经白河渡口，渡过黄河北上，进入河阳境内，直奔尹村的韩家祖坟。不幸的是，当来到河西（今河南省孟州市）韩庄西北邙岭半山腰时，韩愈病情突发，鼻中流血不止。送行的人立刻停下，不敢向前，急忙请来医生抢救。但因流血过多，医生已无回天之力。不到一天，韩愈就与世长辞。遵照他的遗嘱，就地安葬，又从长安移来四棵柏树，栽在坟前。可惜的是，后来有两棵柏树死掉了，只剩下两棵，东北一棵，西南一棵，对角而立，越长越旺，如今已有两人合抱之粗。奇怪的是，这两棵树一直倾向西方，人们说，这是韩愈的心永向长安的象征，故人称之为"唐柏双奇"。传说往往充满了人们的想象成分，但却在民间流传不衰。

据史书记载，在唐代长庆四年（公元 824 年）六月，韩愈生了一场大病，他向皇帝告假休养，就住在长安城南的一所庄园里养病。他的好友、诗人张藉陪伴着他。此时，韩愈的身体已十分虚弱，"足弱不能步，自宜收朝迹"，已到了"余年懔无几，休日怆已晚"的程度。看来已是卧床不起了。八月十六日夜晚，月光如水，一时兴起，他和张藉一起赏月，夜深天凉，病情加重。同年十二月初二凌晨，韩愈

插图 8-5.2 韩园

"韩园"即韩愈陵园，位于河南省焦作孟州市区之西 6 公里处，始建于唐敬宗宝历元年，距今已有 1180 年的历史。景区的主要建筑有牌楼、神道、唐宋八大家及韩湘子汉白玉雕像、祭祀台、石阶、山门、景亭、飨堂、陵墓、碑刻等，宏伟壮观、气势磅礴。园内古柏郁郁葱葱，特别是两株"唐柏双奇"如擎天巨擘托起万里云空。韩愈的一生赢得了后人对他的无限仰慕和崇敬，他的伟大成就和贡献，千百年对我国文学发展产生过极大影响。

勉强从床上坐起来，亲自提笔写遗书，遗书没有写完，便溘然长逝了。时年 57 岁，谥号为“文”，后人称为“韩文公”，穆宗为之辍朝。

临终时，他向家人表达了思念故土的心情，并嘱咐家人把他送回家乡安葬。家人遵照他的遗嘱，扶柩归里，埋葬到故乡。入葬的地方就是今天的韩愈陵园。

韩愈墓坐落于韩庄村西邙岭半坡上，背依千仞太行，俯瞰万里黄河，气势不凡。陵园内墓高 12 米，周长 50 多米。墓冢前的“唐柏双奇”，虽经沧桑而不失挺拔苍翠的风采，映衬出墓区的肃穆气氛。立于一侧的“唐柏双奇”石碑，为清代邑官仇汝瑚所建，它印证着千百年来流传在韩愈后裔和家乡人民中间那不衰的传说。

关于韩愈墓民间还流传着一个有趣的传说故事。

故事发生在清代乾隆年间。有一天夜里，乾隆皇帝正在梦乡，朦胧中看到屋梁上放着一只装书的匣子。他回想自己从登基以来，一直在此安睡，从没有见过这个书匣子。他越想越奇怪，便要起来取下看个究竟。但他刚一折身，只听“嗖”的一声，一支利箭破窗飞来，正射在他枕位的咽喉之处。乾隆回头一看，吓得惊叫起来。侍卫听见皇帝的惊叫之声急忙赶来，掌灯而看，四处查找，发现窗外架设一张定时弩，箭头正对着乾隆的咽喉，若不是他梦中折身而起，命丧无疑。

乾隆皇帝急忙命人取下书匣，打开一看，内装一部《韩昌黎文集》。他顿时没了睡意，便秉烛夜读起来。文集中的《原道》《论佛骨表》《祭鳄鱼文》等一篇篇奇文妙章深深地吸引了他。特别是文章中所表达的韩愈对唐王朝的耿耿忠心深深打动了他。他又想起刚才发生的那惊心的一幕，感觉到那是韩愈显灵救驾，使自己免于一死。想到此，他激动之情难抑，就把《韩昌黎文集》恭恭敬敬地放在案上，然后虔诚地拜祭，说道：“韩爱卿，你生前兴原道，谏佛骨，正师规，祭鳄鱼，为君除弊，修国安邦，实可钦佩。今日又显圣灵，救孤命于顷刻之间，真不愧为耿耿忠臣。寡人当为你树碑立传，兴续香火，以报你的救驾之恩。”

乾隆要祭拜韩愈墓，惊动了朝廷上下。但韩愈的墓冢在何处，乾隆皇帝并不知道。于是，乾隆便召翰林院大学士冯敏昌入见，问道：“冯爱卿，你可知韩文公墓在何地？”冯敏昌奏道：“据韩文公的《祭十二郎文》中记载，文公的祖茔在河南的河阳（今孟州市），文公死后，亦归葬故土，只是岁月悠悠，年久失修，其墓穴具体位置，尚且不详。”乾隆听后，深表遗憾，立即降旨，命冯敏昌到河阳察访，查清韩愈墓位。

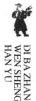

冯敏昌领旨受命，不敢怠慢，即带人日夜兼程赶到了河阳。当时正是夏季，天气炎热。冯敏昌经过访问巡察，得知韩愈葬于韩庄，便不顾访察疲劳，冒着酷暑，马不停蹄，赶往韩庄。到韩庄时正值午时，只见墓地两株高大的柏树枝叶翠绿，掩映着一个巨大的墓冢，巍巍然，气势不凡，显示着一代文豪之风。冯敏昌走到墓前拜祭之后，察看墓冢周围，没见一座碑碣，更无记载的文字，非常遗憾和惋惜。冯敏昌正在寻思，突然天空“咔嚓嚓”一声闷雷，接着，倾盆大雨自天而降。片刻间，积水横流，直冲得沟崩堰塌，石滚土圮。冯敏昌一行人被雨水浇得犹如落汤鸡。须臾，雷停雨收，慢慢转晴。有人忽然发现，不远处被水冲出半截石碑，碑上用斗大方形隶书镌刻着两个字“唐韩”。冯敏昌喜出望外，命人四处寻找，在另外一处雨水冲

刷后的泥土中，又发现一块残鼎碎片。众人忙上前擦去泥土，露出几个字，上铸“文公墓前焚金炉”。冯敏昌看过，断定这座墓冢为韩愈墓无疑，心中大喜。

冯敏昌查到实情，立即赶回京城向乾隆皇帝回奏。乾隆看完奏折，像除去了一块心病，非常高兴，马上传旨修缮韩文公墓祠。

历史上曾对韩愈墓冢的真伪有过争议，这个虽属传说的故事，但它却让孟州市韩庄世世代代人坚信韩愈就长眠于自己的身旁；祖祖辈辈陪伴着自己的“文圣”，慰藉着他的在天之灵。

6. 文坛巨匠

韩愈在仕途上三起三落，道路多舛，他为官的政绩远不如他在文学上的建树。

韩愈是唐代古文运动的领袖，他用毕生的精力倡导和从事古文运动。所谓古文运动，就是摒弃南北朝以来矫揉造作的“骈四俪六”的文体，恢复先秦两汉的优秀散文风格。反对散文创作中形式主义的浮华文风，提倡“文以载道”“言之有物”的优秀传统。韩愈在倡导散文改革的古文运动中，身体力行，促进了唐代文风和文体的改革，为发展唐代散文做出了突出贡献，对以后散文创作产生了巨大影响。北宋文学家苏轼对韩愈的一生有过一个著名的评语，说韩愈“文起八代之衰，而道济天下之溺；忠犯人主之怒，而勇夺三军之帅”。前两句是评价他领导古文运动的历史贡献，后两句赞扬他的忠勇爱国精神。

韩愈不但领导和推进了古文运动的发展，而且亲身实践，毕生致力于散文创作，写下了大量优秀的散文。这些散文形式多样，内容丰富，论说、杂文、传记、抒情等体裁一应俱有，观点鲜明，锋芒毕露，笔锋犀利，形式活泼，独具魅力，为当世

插图 8-6 韩愈墓

韩愈墓位于韩愈故里韩庄村北半岭坡上，始建于唐敬宗宝历元年（公元 825 年）。据民国二十年版的《修武县志》载：青龙岭上一冢，周围约 3 丈许，高 8 尺，传为韩文公墓。韩愈在《寄崔二十七立之》诗中表生前夙愿：“生兮耕吾疆，死也埋吾陂。”“陂”，指太行山脉在丘陵地带的一个山坡。韩愈殁后，其亲友千里迢迢由京城长安将其灵柩运回故里，下葬于此，以了文圣遗愿。今墓地处丘陵地带，墓冢高 10 余米，冢前建有祠堂，计有飨堂 3 间，门房 3 间。祠内石碑 13 通，记载有韩愈生平事迹等。

和后世散文创作树立了典范，成为中国传统典籍中经典的、正统的文体，为古代散文的发展开拓了一条广阔的道路。他的《原道》《原毁》《师说》等说理文汪洋恣肆，气势磅礴，读来大快人心；他的《祭十二郎文》等抒情文章一唱三叹凄楚动人，读之令人动容；他的《张中丞传后叙》等记事文体慷慨悲壮，读之感人肺腑。他雄居唐宋两代“八大家”之首，被后人推崇为“文圣”，备受人们的敬仰。

中原人民心目中的韩愈，是一位文坛巨匠，是当之无愧的文圣。在今河南省孟州市西北的济源市，距城区东北 15 公里的大社村，有一盘谷寺，因韩愈而出名。唐时济源有一名士叫李愿，此人好读书，爱山水，但终不得志，贫而不仕，隐居盘谷。盘谷有寺曰盘谷寺，为文人学士云集之胜地。时任监察御史的韩愈曾到此览胜，并与李愿相交，作有《送李愿归盘谷寺序》。于是盘谷寺因韩愈文章名声大振。盘谷寺始建于南齐建元元年（公元 479 年），唐时扩建。现存山门、钟鼓楼、东西廊房及佛殿等清代建筑。寺后有明代砖塔一座。在茶壶龛上，刻着乾隆皇帝书韩愈的《送李愿归盘谷序》及《盘谷考证》，建有循碑亭。

今孟州市东北的沁阳市，有一座韩文公祠，位于沁阳市南门大街中殿东侧。明代嘉靖九年（公元 1530 年），怀庆府知府石维岳奉旨建韩文公祠，地址选在府城内。建造韩文公祠时，命何塘监理。万历十九年（公元 1591 年），知府詹启东推荐王如坚改建为“昌黎书院”。崇祯元年（公元 1628 年），该书院迁移新址。韩文公祠坐东面西，现存山门、卷棚和大殿。山门面阔 3 间，进深 1 间，单檐歇山顶。卷棚面阔 3 间，进深 1 间，大殿面阔 3 间，进深 2 间，均为单檐悬山顶。祠内仅存 3 通碑碣，其中《修建韩文专祠序》石碑，详细记载了韩愈的生平，具有史料价值。

时间把一切积淀成厚厚的历史文化，而历史把一切镌刻在千仞太行峻峰。韩愈，以及韩愈的人格、韩愈的文章深深地根植于中国人民的心中。

第九章 乐圣朱载堉

圣贤

第九章

乐圣朱载堉

九

乐圣朱载堉

1.奇　才

故事发生在河南怀庆府（今河南省沁阳市），怀庆府是中原地区最繁华的城市之一。明代这里是大明宗室亲王郑藩的封地。

明朝嘉靖十五年（公元 1536 年）的一个清晨，在河南怀庆府河（今河南省沁阳市）郑恭王府内，郑恭王朱厚烷正沉浸在喜添贵子的兴奋之中，可是郑恭王朱厚烷的高妃怀胎 11 个月了，临产却是难产。奇人降生必有奇象。正在王宫上下焦急之时，王宫上空突然飞来一只五彩凤凰，飞翔徘徊，落在了郑王宫门前的梧桐树上，不断鸣叫，悦耳动听。高妃听到叫声，心怀大开，高兴难抑，她顺利地生下一男婴。这个遇难呈祥而降世的男孩，就是朱载堉。他是王侯的儿子，明太祖朱元璋的九世孙。

插图 9-1.1 朱载堉塑像

明代著名的律学家、历学家、数学家、艺术家、科学家。朱载堉为郑藩王子，其生活道路曲折艰辛，但他刻苦攻读，研究乐律、历算之学，著书立说，在他研究的领域内，取得了巨大成就，是明代科学和艺术上的一颗巨星，被列为“世界历史文化名人”。

朱载堉的出生为郑王宫带来了满门喜气。朱载堉虽然由凤凰的鸣叫催生落地，但朱家却遇到了一件烦心事，父朱厚烷虽贵为王爷，似乎也束手无策。朱载堉在襁褓里好像并未感到王宫里的幸福，而是大哭大闹，日夜不停。爱子的啼哭声，闹得整个府内上上下下、里里外外不得安宁，任谁哄也无济于事，用什么方法哄，也阻止不住这揪心的哭声。

郑恭王朱厚烷万分焦急，烦躁郁闷，难以排解。郑恭王非但能书善文，还精通音律乐谱，是位音乐家。音乐家消除烦闷的最好方法就是音乐，于是，他下意识地拿起一管箫吹奏起来，想以此释怀。悠悠绵绵、优美的旋律在屋梁之间缭绕，奇迹出现了，婴儿的哭声似乎戛然而止，这奇妙的箫声好像与襁褓中那颗婴儿的心有了共鸣，朱载堉好似找到了知音，那就是他的父亲。郑恭王朱厚烷只好每天不停地吹箫，经常吹奏到深夜。中国历史上一位杰出的音乐家就在这美妙的箫声里接受着音乐的熏陶，慢慢长大。

朱载堉的音乐天赋得益于他父亲所精通的音律知识和文才，在父亲郑恭王的关爱下，享受着无忧无虑的童年时光。既是慈父又是严师的朱厚烷，成为朱载堉极力效仿的偶像。

朱载堉聪明过人，悟性很高，希望自己能够成为一个像父亲那样博学多才的人。《河南通志》这样描述他的爱好："载堉儿时即悟先天学。稍长，无师授，辄能累黍定黄钟，演为象法、算经、审律、制器、音协节和，妙有神解。"他8岁能吟诗作文，10岁攻读《尚书·盘庚》等史书，11岁时不但喜欢上了音律，而且学习数学的兴趣尤为出众。父亲朱厚烷的修德讲学、布衣素食、能书善文、擅长音乐、折节下士等品格和才能无不在朱载育身上留下烙印，熔铸在他的灵魂里，融入他的人生中。朱载堉对音乐特别敏感，他说自己"少嗜音律，长而益得其趣，是以乐学之说

插图9-1.2 琴阮合奏图（局部 明代杜堇似摹五代周文距《宫中图》）

图中左仕女在抚琴，右仕在弹阮。"阮"，"阮咸"的简称，古琵琶的一种，四弦有柱，形似月琴，相传西晋阮咸善弹此乐器，因而得名。此图中琴与阮两种乐器合奏，表明了三分损益律、纯律、平均律三律并用的情景。此图为杜堇似摹五代时期画家周文矩的《宫中图》（局部）。《宫中图》是描绘宫中女子生活的长卷（原图只存残卷）。周文矩精于画仕女，线描熟练而富于结构感，人物神情微妙，丰肌高髻，宛如唐风；除个别处施淡彩外，都用白描手法，刻画宫中女子百无聊赖的生活，入骨三分。杜堇，明代画家，擅诗文，工书画，尤精白描。

颇异于众"。一次到山上春游，突然听到琴声，他寻声找去，发现是山弯的小溪水滴在岩上发出的声音。从此，美妙的天籁之音"水琴音"走进了他的灵魂。有一次，他的书童不小心打碎了一只碗，他不但没有责怪书童，而碗碎的清脆声音一下焕发出他的音乐灵感。他很想再听这种声音，但不能再摔碗。他拿来几只碗，这时在山上听到的"水琴"声音又响在耳边，于是，他把碗里都倒上水，一种新的"乐器"组合产生了。他用一根小木棍敲击起来，他尽情演奏，达到了忘我的境界。后来，他撰写音乐著作或作曲，都与这"水琴"有关。

他的舅父何瑭也是他的老师，何瑭历任工部、户部、礼部侍郎、右都御史等职，因不屈从于权阉刘瑾，遭贬官。他跟随着何瑭学习天文、算术等学问。相传，何瑭从礼部尚书位上退下来还乡回到怀庆（今河南省焦作市沁阳），在城内天鹅池畔建了一座"景贤书院"，公开招收弟子授读，很多家长带孩子慕名报名，一时应试者络绎不绝。一天，许多儿童都跟着父母至书院应试。这时，一个小孩子独自一人前来应试，他就是朱载堉。何瑭就问他："你怎么儿独自来了？"他马上回答道："家有父母，校有师尊，怎能说是独自呢？"何瑭很惊奇，又问他的年龄和名字，他说："童生八月荷月满，若年足十不差三。"落款是"乐乐乐"。何瑭一听，这分明是

在给老师出考题嘛！何瑭沉思一下说道：“小小年纪七岁半，以乐（yuè）为志律当先。乐（lè）在其中性且直，光华焯乐（shuo）在来年。”何瑭十分欣赏他的才华，毫无保留地将自己的知识传授给他。

朱载堉在父亲朱厚烷和舅父何瑭的教育和熏陶下，养成了俭朴本分的好人品，勤奋好读的好学品，是个品学兼优的好孩子。

朱载堉的父亲朱厚烷是拥有兵权、镇守一方的藩王，还是战功卓越的大明王朝臣子。10岁的朱载堉即被封为世子。“世子”就是继承父亲的嫡子，也就是说，童年的朱载堉，已成为藩王的法定接班人了。

看到儿子的勤奋和才能，郑恭王非常高兴。可是，当他透过厚厚的宫门，看到的是朝政局势日渐混乱、奸相专权、民怨载途，心中充满了焦虑和不安。

明代朝廷对各地藩王的监管是很严厉的，决不允许藩王们有任何济世救国的想法。因此，大多藩王都是醉生梦死、浑浑噩噩之辈。与这些酒囊饭袋相比，郑恭王朱厚烷谦恭明理，一心向学，教子成才的高风亮节，简直天壤之别。

可以这样说，朱载堉的父亲朱厚烷生不逢时，官不应时，是个不识时务的官。朱厚烷做官为政时正是明朝嘉靖皇帝在位，这位皇帝崇信道教，好神仙老道之术，一心求长生不老，他到处搜罗方士、秘方及道家的“自然”“无为”；但他的宫廷生活却很“有为”，他的后宫有淑女数千供他淫乐，他把道士、方士召入宫中驱鬼炼丹，搞得朝廷乌烟瘴气；再加上奸臣严嵩把持朝纲，国家混乱不堪。朱厚烷这位明朝第六位皇帝明仁宗朱高炽的第六世孙，与明世宗思想上产生了分歧，甚至产生了对立。有一次，明世宗朱厚熜修斋设醮，装神弄鬼，“诸王争遣使进香，厚烷独不遣”。王亲贵戚争相进香逢迎，效忠争宠，而耿直的朱厚烷偏不买账，不给皇帝面子，为此给自己埋下祸根。

嘉靖二十七年（公元1548年）七月，朱厚烷又给深迷不悟的嘉靖皇帝上书，派使者送到朝廷上，要皇上即修德行，不要再迷信道教。同时，还进贡《居敬》《穷理》《克己》《存诚》四箴言书及《演连珠》十章，以规谏嘉靖。这一下触到了嘉靖皇帝的痛处，皇帝大怒，认为那是对自己的毁谤和嘲笑，于是先把那位使者抓起来下了大狱，做了替罪羊。皇帝当然还要治朱厚烷的罪，但他毕竟是王爷，只有择机而行。

两年后，朱厚烷的伯父朱佑橏“求复郡王爵，怨厚烷不为奏，乘帝怒，厚烷四十罪，以叛逆告”。皇帝接到朱佑橏的“举报”，着即派人查勘。调查的结果让皇帝失望了，朱厚烷40项叛逆之罪均属子虚乌有。但是，虽没有叛逆之罪，既然有人告，说明你就有罪，皇帝还是将朱厚烷免职，削去了爵位，禁锢于安徽凤阳，被“双规”了。

2.旺　街

朱载堉是真正的“官二代”加“富二代”，在嘉靖二十九年（公元1550年），朱载堉刚15岁，家中就遭到突如其来的横祸。父亲朱厚烷被削职除爵囚禁，对他生活上的打击和心灵上的重创非同一般。他“痛父非罪见系，筑土室宫门外”（《明史·诸王列传》），心情十分沉重，决心远离红尘。

郑恭王朱厚烷入狱以后，朱载堉也随之离开了锦衣玉食的郑王宫，孤身一人住到宫外的一间土坯房里，吃的是粗茶淡饭，睡的是草席土炕，一住就是19年。朱载堉就是通过这样的行为对父亲受到的冤屈进行了不屈的抗争。他发誓，父王一天不归，自己就一日不回王宫。

朱载堉曾经品尝过生在帝王家的奢华和幸福，但是通过父亲的不幸遭遇，他也充分领悟到，所谓荣华富贵终不过是过眼云烟。他写下了这样一段话：

"逐日奔忙只为饥，才得有食又思衣。置下绫罗身上穿，抬头却嫌房屋低。盖下高楼并大厦，床前缺少美貌妻。娇妻美妾都娶下，又虑出门没马骑。将钱买下高头马，马前马后少跟随。家人招下十数个，有钱没势被人欺。一铨铨到知县位，又说官小势位卑。一攀攀到阁老位，每日思想要登基。一日南面坐天下，又想神仙下象棋。洞宾陪他把棋下，又问哪是上天梯。上天梯子未做下，阎王发牌鬼来催。若非此人大限到，上到天上还嫌低。"

插图 9-2 乐圣在潜心创作（朱载堉纪念馆张贴画）

朱载堉贵为郑藩王子，他一生中大部分时间都致力于乐律、历算的研究和创作，布衣蔬食，发奋攻读，撰写了大量学术著作。在著书立说之余混迹于乡间百姓之中，撷取民间音乐和乡土文化之精华，被世人称为"布衣王子"，英国著名学者李约瑟博士称为"东方文艺复兴式的圣人"。

朱载堉安居土屋，闭门独处，潜心研究自己最感兴趣的音乐律学、数学及天文历法方面的课题。闲暇时，他就吹奏起陪伴他成长的那支洞箫，用音乐来寄托对父亲的思念。

朱载堉遭遇的世态炎凉和家门不幸并没有击垮他的意志，反而更坚定了他"述家学，成父志"的决心。"世子载笃学有至性"（《明史·诸王列》），他整日闭门室内，专心攻读。在这种愤懑心境中，卧则蓬蒿草席，食则蔬食淡饭，以书为伴，以写为乐，时光在孤独中度过。他在宫门外的土室内、在蔬食席蒿的时光里，淡泊独处，矢志不渝，勤苦研读，拜结贤哲，出入俗里，追逐天地日月之灵气，取家乡山水之精华。

朱载堉的家乡沁阳古称怀府，位于河南省西北部，焦作市西南部，太行雄峙于北，沁河横贯境内，位于沁水之阳而得名。沁阳自古为豫西北政治、经济、文化的中心，素有"覃怀之城""河朔名邦"的美誉。夏为覃怀首邑，商属商畿重地，周启野王邑，汉设野王县，隋改河内县，明置怀庆府。沁阳文化底蕴浓郁，历史悠久，是全国首批"千年古县"。这里有女娲补天、二郎担山等丰富的民间传说，有晋代"竹林七贤"的聚会之地。唐代诗人李商隐，北宋宰相卢多逊，元代杰出的政治家、教育家、天文学家、思想家许衡，清代政绩著于史册的曹瑾都是沁阳人。历史上一些帝王将相如曹操、唐明皇、乾隆帝等都巡幸过沁阳，留下了足迹；更有文人雅士留下名篇，如唐代诗人王维、文豪韩愈等都曾在沁阳登山观景，留下吟咏之作；境内还遍布名人古墓、古迹遗址。

在今沁阳市内有一条街叫自治街，自治街里有一条小巷，叫旺街。旺街上坐落一处古宅，这就是明代朱载堉的父亲郑恭王朱厚烷的王宫所在地，所以民间又称它为“王街”。这条小街虽小，但名声很大，因为它有一段街名变化的故事。那是在郑恭王朱厚烷得罪了皇帝削去爵位被禁锢起来之后，儿子孤身住在王宫外的陋室内。沁阳城里的百姓们十分清楚这是一桩冤案，却无能为力。于是，人们就把这条小街起名为“枉街”，也算是对朱家父子的声援，也只有用这种方式为其喊冤叫屈了。而到隆庆元年（公元 1567 年），朱载堉的父亲朱厚烷得以昭雪复爵后，街上的百姓们把“枉街”改称为“旺街”，以表达对朱家的祝愿。

朱载堉离开王宫，在宫外筑陋室而居，那是对父亲受冤的无言反抗，以超人的毅力致力于音乐、艺术、天文、历算的研究，表达了他对不平现实的抗争。他入住小屋的第五年时值他 20 岁时，就非常喜爱读《性理大全》《律吕新书》《洪范》《皇极内篇》等数学著作。阅读中一面口中背诵，一面在纸上计算，领会书中的数学要领。他住进小土屋的第十个年头，即明嘉靖三十九年（公元 1560 年），他的学习和研究出成果了，他的第一部音乐专著《瑟谱》脱稿了，此书论证了中国传统乐器瑟的源流，还有关于瑟的名贤故事和诗词歌赋。他给这本书的署名叫“山阳酒狂仙客”，别具意味；好像对“狂”表达得意犹未尽，他又在《瑟谱》的序言里更加鲜明地自称为“狂生”。

朱载堉虽身处逆境，但他对父亲的冤案一直牵挂于心，时时找机会为父申诉，希望洗刷父亲的冤情。年仅 15 岁的孩子，过早地挑起了这个重担。他奔走四方求助，可是，一边是获罪落难的王子，一边是万乘之尊的皇帝，人们都会权衡何利何弊，掂量孰重孰轻。就是那些父亲曾经的亲朋好友，见到朱载堉都像遇到瘟疫，唯恐躲之不及。更有一些人，则幸灾乐祸，当着朱载堉的面调侃挖苦嘲弄讽刺。朱载堉东奔西跑，收获的只是冷漠的人情和炎凉的世态。他愤然写下一首散曲《求人难》，揭露了残酷的社会现实和人情的淡薄，鲜明地表达了心中的愤怒和抗争。《求人难》写道：“亲骨肉深藏远躲，厚朋友绝交断义……锦上花争先添补，雪里炭谁肯送去？听知，自己跌倒自己起，指望人扶，耽搁了自己。”

就在他蜗居茅草土屋苦读的第 15 个年头，嘉靖四十五年（公元 1566 年），他好像再也无法克制自己的感情，他冒死奏疏为父亲鸣冤叫屈，要求平反昭雪。这时的明嘉靖皇帝已顾不上治朱载堉的罪了，这位皇帝为了长生不老热衷于道士、方士炼丹，由于长期服用丹药，致使四肢麻木、走路困难、鼻孔流血。就在朱载堉冒死奏疏的这一年，他死去了。他的第三子朱载垕即位，即明隆庆皇帝穆宗。新皇登位必有大赦。隆庆元年（公元 1567 年），隆庆皇帝大赦天下，朱载堉的父亲朱厚烷才得以平反昭雪，“复王爵，增禄四百石”。《明史·诸王列传》有记载：“席藁独处者十九年，厚烷还邸，始入宫。”

3. 辞　爵

朱载堉冒死为父申冤未得罪皇室，反而“因祸得福”，获得爵位。父子相见，十分感伤，感慨万千。然而，父亲朱厚烷更感欣慰的是儿子淡然处世、身居土屋、潜心研读的生活选择和人生态度，19 年的历练，儿子在学识和才能上都已超越了自己，俨然已经具有了大家的气度。

回到郑王宫的朱厚烷觉得亏欠儿子，想尽量弥补儿子，以尽为父之情。儿子已年过三十有二，实属大龄青年，可尚未成家。于是他想到了儿子的舅舅何瑭。律学大家何瑭不但是亲戚，也是志同道合的挚友。此时，朱厚烷了解到何瑭虽然已经过世，但何瑭的孙女自幼秉承家教，聪颖贤惠，是十里八乡出名的美女。朱厚烷喜出望外，最终如愿将何家小姐迎进朱家府门。朱载堉和年轻美丽的何家小姐成亲之后，心满意足，恩恩爱爱，夫唱妇随。相传，有一年朱载堉在外地，可快要过年了，妻子还不见夫婿回家。如何表达要他快快回家的心意呢？在封建社会这种思夫心切的心情是不能明示的。于是她就托人送去一个包裹。朱载堉收到爱妻的包裹，心里自是一番情动，急打开包裹一看，是一双新鞋，鞋的两边里边放着针线、茴香。聪明的朱载堉明白了，当即破译了妻子的“密码”：真的想你，快快回家！妻子的浪漫情愫让他归心如箭。心有灵犀的珍贵情感感人之致。可惜的是这位美丽、善良的少妇虽有让人羡慕的情怀，但却没有健康的身体，她自幼体弱，不久便因病逝去。目睹爱妻病逝，朱载堉怨天不公，悲痛欲绝。痛失爱妻使他意识到了人生的短暂和无常。自此，他更加勤奋，全身心都投入到律学的研究上。

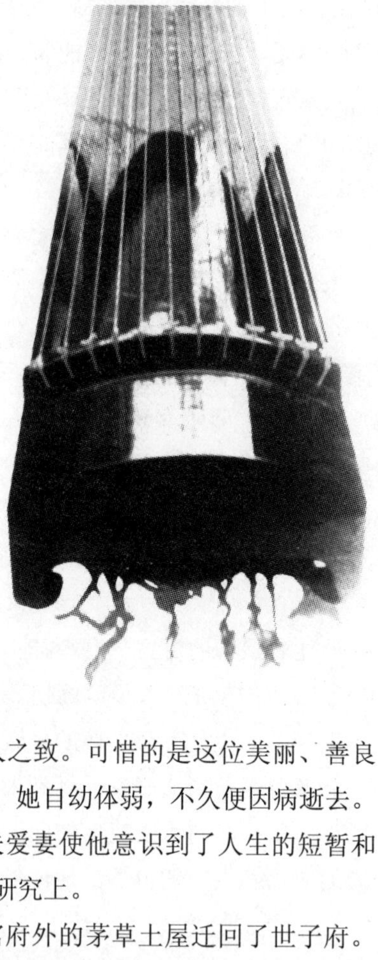

插图 9-3.1 新法密率律准器

古人奏乐时，总要用一种乐器来测定声调高低，以校正发音，使之准确。朱载堉创制的新法密率律准器，就是一种定音用的弦乐器，也叫“律准”，或称“12 弦十二平均律准器”。它用桐木制作，琴身厚四分，张琴弦 12 根，琴底藏一根黄钟律管，用来定黄钟。朱载堉创制的“十二平均律”不仅在中国音乐史上独树一帜，而且在世界音乐坛上影响深远。英国学者李约瑟对朱载堉与“十二平均律”均予以崇高评价。

不久，朱载堉“世子”的名号恢复了，他从宫府外的茅草土屋迁回了世子府。虽然他的生活条件改善了，但是他治学的志向并没有随着地位的改变而改变。他矢志不渝，把土屋里呕心沥血、务益著书、刻苦求真的精神带进了王府。19 年的艰难岁月，已把一个勤学的少年打磨成一位满腹学识的青年，为后人留下了丰富的著作。

此时正是朱载堉入仕的绝好良机，但他毅然放弃了。他视紫诰金章如草芥，看高车驷马似粪土，仍心甘情愿地过着淡泊的生活，废寝忘食地进行乐律研究，制造乐器，亲自实践。

明万历十九年（公元 1591 年），他的父亲朱厚烷病逝。他身为世子，本可顺理成章承继王位，走上仕途，对于 56 岁的他这是最后的机会了，但他又一次放弃了。

他上疏万历皇帝，甘愿辞去爵位，将爵位让给同族的兄弟，他的行为在朝野之中引起了巨大震动。有司认为“载堉虽深执让节，然嗣郑王已三世，无中更理，宜以朱载堉子翊锡嗣”（《明史·诸王列传》）。按大明王朝的礼仪，皇室宗亲可终生给俸禄，不得应举入学，也不能兼任官职。朱载堉的辞爵让国之举是对传统制度的叛逆，理所当然地没有得到批准。以后，他“累疏恳辞”、执意让爵，都未获准。当他58岁递上第六次辞爵奏疏之后，等不得朝廷的“批示”，便毅然离开了繁华的府城，抛弃了富丽的王宫，来到怀庆府（今河南省焦作市沁阳市）之北十多公里的九峰山，开始了他“门无车马终年静”的隐居生活。从他父亲卒年起，直到万历三十四年（公元1606年），15年中他7次上疏辞爵，第七次上疏终于感动了“上帝”，万历皇帝最终允准了他的“辞呈”。对朱载堉的让爵，万历皇帝旌奖他说：“载恳辞王爵，让国高风，千古载见，朕嘉尚不已。业有赐敕建坊，彰天潢之美。”

朱载堉让爵之后，隐居九峰山，自称道人，潜心著书，过着清静淡泊的生活。

九峰山，风光秀丽，起伏绵延，位于太行山南麓，九峰山因有九峰相连而得名。据考古发现，九峰山原是唐代中晚期皇室宗亲的墓地。

朱载堉所隐居的九峰山之阳，环境幽雅，景色宜人。前有丹水萦洄、碧波荡漾；后是九峰屏峙、巍然耸立，前水后山，相互辉映。左茂林修竹，青翠欲滴；右桑园片片，绿波起伏。这秀美的自然风光，吸引了众多文人雅士的兴趣。附近的“翠筠”，为晋代“竹林七贤”相聚的遗址。魏晋“七贤”那种淡泊雅致、忘情山水的境界，远离尘嚣、自由山水的状态，正符合朱载堉所追求的心意。不过，远离喧闹，躲开官场的境界显示出他的志向高远，他的目的在于全身心地投入研究，著书立说。为此，他把自己的居所打理成具有浓郁田园气息的生活风格。纸窗茅舍、竹榻简铺，处处尽显其情景淡雅的生活追求。除了著书立说之外，闲暇之余他以锄为侣躬耕于垄亩之间，坚守着自己的品行节操，护卫着自己的精神家园。在耕植喂养之中，和农樵杂处，时与村夫往来。在这平淡恬静的生活中，成就者前无古人的伟业。

九峰山旁有九峰寺，是朱载堉晚年潜心研究乐律著述的地方。后人将这个地方改为“郑王生祠”。今仅存东西配房，号为“小东宫”“小西宫”，面阔三间，硬山式建筑。

插图 9-3.2 九峰山

九峰山耸立在河南沁阳东北部山王庄镇境内的太行山南麓，由九座山岭组列而成，九座山高低起伏，葱郁浑圆，九座山峰分别命名为金、木、水、火、土、天、地、人、神，依次自西向东蜿蜒相连，起伏绵延达1.5公里。九峰山没有高山，少有峻岭，平均海拔高度仅在300米左右，其最高峰平梁被天、地、人、神四峰烘托，远远望去，气势壮观。山上青翠秀俏，山下翠竹摇曳，丹水蜿蜒，沃野棋布，清秀而雄伟。明嘉靖三十九年（公元1611年）四月初六，朱载堉病逝，终年76岁，葬九峰山之原，赐号“端清”。九峰山下的九峰寺是朱载堉晚年隐居之地，他在此一隐就是19年，凝聚着他毕生心血的科学巨著《乐律全书》就是在这里完成的。

4. 圣　人

三百多年前，德国诞生了一位最伟大的作曲家，他就是被称为“西方音乐之父”的巴赫。那时，欧洲出现了一种源自西洋古典音乐中的一种键盘乐器，引起了巴赫浓厚的兴趣和极大的热情。这种乐器叫“钢琴”。钢琴采用了一种叫作十二平均律的定音方法，由88个黑白相间的琴键构成了庞大而均衡的音阶。这种新乐器让巴赫的音乐灵感得到了淋漓尽致的发挥，他一共创作了48首钢琴曲，这就是《十二平均律钢琴曲集》，被西方音乐界誉为“音乐圣经”。它是巴赫键盘音乐中最伟大的作品，是巴赫音乐创作的巅峰，巴赫在这部音乐作品中，首次为“平均律”的创作树立了古典音乐的典范，影响极为深远。这套曲集是钢琴文献中最重要的作品之一，德国著名的钢琴家、指挥家封·彪罗（公元1830—1894年）把它喻为音乐上的《旧约圣经》。

“十二平均律”的出现使整个欧洲音乐得以从传统音阶的束缚中解脱出来，进入了蓬勃发展的一个崭新阶段，“十二平均律”也因此成为西方音乐的基础与核心。与此同时，对十二平均律真正源头的探究也开始浮出水面。那时人们仅仅知道这个彻底改变了西方音乐走向的伟大学术成果来自遥远的东方，它的发明者叫朱载堉。还知道他是中国的一位王子，又是一个天才的音乐家。

插图 9-4.1 朱载堉所用的横跨81档特大算盘

朱载堉对古代文化的最大贡献是“十二平均律”。此理论被广泛地应用在世界各国的键盘乐器上，包括钢琴，所以朱载堉被誉为“钢琴理论的鼻祖”。朱载堉首创用珠算进行开方，用横跨81档的特大算盘，进行开平方、开立方的计算，提出了“异径管说”，并以此为据，设计并制造出弦准和律管。

一首动听的乐曲是由若干高低不同的音符构成的，这些音符依照高低顺序排列起来，称之为音阶。那么，音阶之中彼此相邻的两个音符高低之间应该相差多少才是最科学、最合理的呢？朱载堉经过几十年的潜心研究，终于以他的十二平均律之说解决了这个音乐领域遗留了一千多年的学术难题。“十二平均律”使这十二个键的每相邻两键音律的增幅或减幅相等。十二平均律一经出现，便成为世界乐器发音和理论的标准。这个理论被广泛应用在世界各国的键盘乐器上。所以，朱载堉被誉为“钢琴理论的鼻祖”。到今天，世界上十有八九的乐器定音都是在十二平均律的基础上完成的，至今都被认为是“标准调音”“标准的西方音律”。

朱载堉历经磨难，呕心沥血研究出的律学著作当即上报了朝廷，但是热衷于权术和阴谋的朝廷把这项伟大的发明成果连同它的作者一起漠然处之，无人问津。更荒唐的是，到了清代乾隆皇帝时竟然自作聪明，心血来潮，把“十二平均律”斥为“臆说”，并专门组织了一帮人进行批判，当然对朱载堉也进行了口诛笔伐的声讨。就这样，一项空前绝后的伟大发明被尘封在朱载堉的故乡河南怀庆府（今河南省焦作市沁阳）长达三百多年。

三百多年后，在中原的西方传教士慧眼发现了“十二平均律”，并辗转带到了欧洲。这时正是欧洲的文艺复兴时期，欧洲音乐因为有了来自东方的“十二平均律”而进入了一个花团锦簇、巨匠辈出的时代。“十二平均律”在欧洲传播和运用过程中，每一位热爱音乐的人都想象着王子朱载堉的景况，对这位东方王子充满了敬意。

再回到大明王朝看看朱载堉的情况。朱载堉的“十二平均律”虽受到冷遇，但他的心是热的，研究工作仍在继续着。他为了证实十二平均律理论的可行性，设计制作了一套表现十二平均律原理的管弦乐器“弦准”和“律管”，这套乐器是怀庆府城北 30 华里处的九峰山的山水孕育着他的灵感，耕田种花的情趣让他超然尘世而潜心研究。于是，他得到了丰硕的成果。

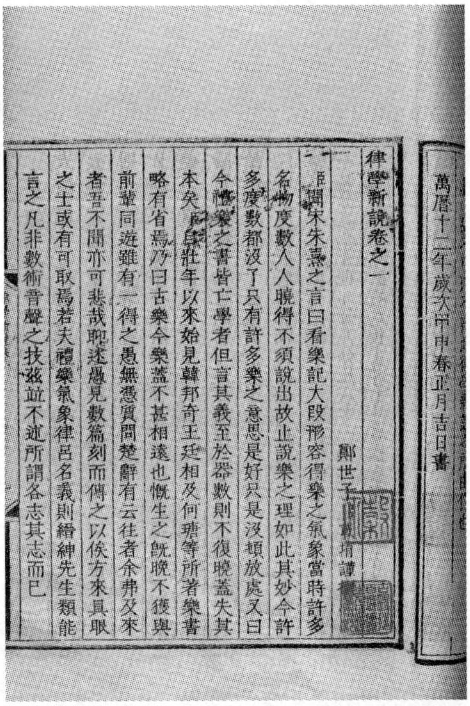
萬曆十二年歲次甲申春正月吉日書
律學新說卷之一
鄭世子[illegible]載堉謹[illegible]
臣謹宋朱熹之言曰看樂記大段形容得樂之氣象當時許多名物度數人人曉得不須說出故止說樂之理如此其妙今許多度數都沒了只有許多樂之意思是好只是沒頓放處又曰今禮樂之書皆亡學者但言其義至於器數則不復曉蓋失其本矣臣自壯年以來始見韓邦奇王廷相及何瑭等所著樂書略有省焉乃曰古樂今樂蓋不甚相遠也慨生之既晚不獲與前輩同遊雖有一得之愚無憑質問楚辭有云往者余弗及來者吾不聞亦可悲哉聊述愚見數篇刻而傳之以俟方來具眼之士或有可取焉若夫禮樂氣象律呂名義則縉紳先生類能言之凡非數術音聲之技茲並不述所謂各志其志而已

插图 9-4.2《律学新说》书影

《乐律全书》是一部乐舞律历类书，一共 40 卷，据史书记载，当成书于万历二十四年（公元 1596 年）以前。《乐律全书》由 15 种著作汇刊而成，此书最有价值的部分是《律吕精义》内、外两篇，提出了“新法密率”。书中还收录了不少乐谱，对研究明代民间音乐有一定参考价值。

朱载堉是一位跨学科的优秀人才，他以自己的广博的视野在多项科学领域里取得了卓绝的成就。朱载堉提出了较为系统的音乐教学体系，他的集体教唱、乐器伴唱、识谱学唱在我们今天的音乐教学中仍被广泛应用。

他不仅是音乐家，还是数学家、天文学家、历学家、乐器制造家、物理学家。

在数学上，他首创利用珠算进行开平方，研究出了数列等式，在世界上最早解答了已知等比数列的首项、末项和项数，解决了不同进位制的小数换算，其中某些演算方法一直沿用到今天。

在天文历法方面，他开拓了新的领域，他认为当时的历法计算每年的长度不是十分精确，经过他的仔细观测和计算，求出了计算回归年长度值的公式。他是我国历史上第一个精确计算出北京地理位置的人。

在天文学上，万历九年，他完成了历学著作《律历融通》。之后，他又在总结前人历史经验的基础上，写出了两部新历《黄钟历》和《圣寿万年历》。

朱载堉不仅是伟大的科学家和音乐家，而且还是乐器制造家。他不因循守旧，敢于在历代相传的律制理论上另立新说，精心制作出了世界上第一架定音乐器“弦准”，把十二平均律的理论推广到音乐实践中。他还制作了 36 支铜制“律管”，每管表示一律。

在计量学上，朱载堉对累黍定尺、古代货币和度量衡的关系等都有极其细密的调查和实物实验，特别是关于历代度量衡制变迁的研究，一直影响到今天。他提出了一系列管口校正的计算方法和计算公式，还精确地测定了水银密度。

据《明史·艺文志》载，他的一生共著有《乐律全书》四十卷、《嘉量算经》三卷、《律历融通》四卷、《音义》一卷、《万年历》一卷、《万年历备考》二卷、

《历学新说》二卷等，内容涉及音乐、天文、历法、数学、舞蹈、文学等，在他多达百万字的著述中，尤以《乐律全书》最为著名。

他发明了累黍定尺法，精确地计算出北京的地理位置与地磁偏角，精确计算出回归年的长度值和水银的比重，其精确度几乎与现在国际通用值相同。

朱载堉是在中国传统文化土壤里诞生的“百科全书式”的学者，在明代的学术领域里他的成就震撼世界，为华夏民族夺得了多项世界第一。中外学者尊崇他为“东方文艺复兴式的圣人”，他还被列为“世界历史文化名人”。

5.管　台

清道光元年（公元1821年），河南一位名不见经传的儒生收集了一部分抄本，精心加以选编，最后雕版成书，并作序说：“此书流布人间，俱系抄本……余搜寻数本，考校选择，刻此73条。”这位文人收集了朱载堉的散曲小令73首，编辑成册，名《醒世词》。这本散曲集具有强烈的批判现实主义色彩。朱载堉的诗多为宣扬正直、鞭笞人情险恶之内容，脍炙人口，传抄广泛。

朱载堉还是一个舞学理论家，他首创“舞学”，为舞学制定了大纲，奠定了理论基础，是当时系统的舞学大纲。他的《乐律全书》中舞蹈占有相当的分量，全书有14种书，专门讲述舞蹈的就有4种。他的这些舞蹈书几乎是现代关于古典舞蹈的教科书，在中国舞蹈史和文化史上具有重要的文化价值并占有很重要的地位。书里还绘制出大量的舞谱和舞图，不仅有单人舞谱，还有大型舞蹈、字舞谱。他的“天下太平”字舞谱，也为今天的团体操开了先河。

朱载堉非常重视民间艺术的发展。在他的家乡有一种民间文艺表演叫“高抬火轿”，它历史悠久，可追溯到唐宋时期。当地民间自古以来就有踩高跷、抬花轿闹新春的习俗。这种习俗在明代得到了崭新的发展。当时朱载堉七疏辞爵，隐居在丹

插图 9-5.1 朱载堉纪念馆

朱载堉纪念馆位于焦作沁阳市，原为元仁宗落难时居住所，明郑藩由陕西凤翔迁至怀庆（今河南省焦作沁阳市）之后占用，属郑藩在怀庆机构设施的一部分，为朱载堉和他父亲共同生活与进行乐律研究的地方，故又称“郑王乐府”。郑王乐府今存面积1100多平方米，坐北朝南，明清混合式大四合院，28间房舍，对称布局。院中矗立朱载堉的半身塑像。院落清静典雅，独具风格。

水河畔的九峰山下著书立说，时常去游历，看到民间文艺活动引起了他的关注。那些抬轿夫和唢呐手等民间艺人被人称为“下九流”，朱载堉为他们鸣不平，竭力为他们争取应有的社会地位。为此，他大胆地把“踩高跷”和“抬花轿”两种民间表演艺术巧妙地糅合在一起，精心设计出了新型的“踩着高跷抬花轿”的表演形式。他要让人以仰视的角度来看“轿夫”的身姿，这样，他设计的艺术表现手段无形中就提高了“轿夫”在世人眼中的形象和地位。其后，朱载堉又不断对“踩着高跷抬花轿”的艺术形式进行改进，将白天表演改为夜间，将花轿改为火轿，把原来的布轿改为纱轿，轿的周围插上蜡烛，轿顶镶嵌上喷射彩色火焰的龙头，寓意火旺、财旺，象征着一年里百姓的生活红红火火。除了表演形式的不断改进外，同时也不断丰富其内容。特别是把自创的民间舞蹈广泛运用到这种民间艺术表演中，“踩着高跷抬花轿”表演时所采用的伴奏乐器“管子”和唢呐，他都做了精心的改进，打击乐器用的是《金鼓经》中的鼓谱。并且，在艺人表演中，他还把自己的诗作《醒世词》《情理词》等谱成曲调演唱。经过他的一番改进，“踩着高跷抬花轿”这种古老的民间艺术形式更加丰富多彩，受到父老乡亲的欢迎。

插图 9-5.2 朱载堉墓

朱载堉墓位于沁阳东北15公里处的山王庄乡张坡村东九峰山下。北依太行，南瞰怀川，流水潺潺，环境优雅。墓上原有高大封土堆，墓面有神道，神道两侧有石像生等，1938年日军侵占沁阳，墓遭破坏。“文化大革命”逐渐被毁，夷为平地，1986年修复。今墓上封土高2.5米，底部直径7.6米，四周垒砌保护墙。修复了宽10米，长126米的神道，墓前树碑。

在沁阳市，可找到朱载堉当年经常演奏乐曲的地方“管台”。管台位于沁阳市东北隅天鹅湖中的湖心岛上。据说明代永乐年间，在岛上建造有“茶座”，叫“荷花茶馆”。不但名字优雅，环境也很优美，四周荷叶碧绿，荷花点缀其间，水波荡漾，摇曳多姿；岛上绿树成荫，与荷花相互映衬，如画如诗。朱载堉经常来此吹奏律管，优美的旋律在岛间缭绕。可惜这个音乐圣地的建筑在清末被毁，今仅存遗址。

明万历三十九年（公元1611年）四月初六，76岁的朱载堉完成了自己著作的所有校对工作不久，这位才情洞彻天地的科学家了无遗憾地阖上了双眼，被当朝赐号“端清”，葬于沁阳市东北15公里处的山王庄镇张坡村之东九峰山下。张坡村的村民说，过去朱载堉墓曾有专门的校尉营看守，后来断断续续都有人看墓园，可是到后来日本侵入，河南大灾荒时，就再没有看守人了。1986年维修墓区时，在墓前发现一块1米见方的神道碑，碑文介绍了朱载堉的生平，由明朝著名书法家王铎书丹，字体为行书。此碑为研究朱载堉的生平经历和创作提供了珍贵的资料，其历史价值不可估量。为了保护石碑，现已将其移于沁阳城内的“朱载堉纪念馆”内珍藏。朱载堉纪念馆位于沁阳市薛街西口，原系明朝初年怀庆府（今河南省沁阳市）卫千户的驻地，后来又成为郑王宫的守备驻地。现朱载堉纪念馆为明清建筑群，坐北面南，布局独特，为横四合院建筑，面积有九百多平方米，每座建筑均呈回廊硬山式，灰简瓦覆顶。当年郑王宫的戏乐班子曾住在这里，朱载堉经常来此与戏乐班子的人研究探讨乐谱舞蹈。

现今九峰山下朱载堉墓冢三级台地，坐北朝南，背依九峰峦屏，俯瞰翠�丹水，左边竹坞青舍，右边桑林茅屋。地面阔 30 米，进深 36 米。北依台壁，其他三面白砖围墙，南墙正中开洞门，门前甬道长 126 米，宽 10 米。道两旁各植松树和柏树一行，墓前立有一通墓碑，十分庄严肃穆。

朱载堉去世后，怀庆府的百姓们为了表达对朱载堉的敬慕之情，把他隐居的住所命名为“郑端清生祠”，后人称之为“朱载祠”。朱载祠位于张坡村之东九峰寺的后边。当年朱载堉辞爵让位后，从 57 岁到 76 岁（公元 1593—1611 年）在此隐居了 19 年，完成了《乐律全书》的校编、增序、刊刻和演练。

插图 9-5.3 神道碑残片

神道碑，又叫“神道表”，立在墓道上。此碑为书法家王铎为朱载堉撰造（残片），称之为“郑端清世子赐葬神道碑”。原碑建于 1624 年，高 166.5 厘米，宽 133.2 厘米，碑文行书，共 1774 字，记述了朱载堉的世系、生平、学术成就等内容。抗战时被日军炸毁。1986 年发现此碑的残片，高 50.5 厘米，宽 68 厘米，可辨碑文 19 行计 297 字。残片现存列于沁阳市朱载堉纪念馆。

他给后人留下的是这样一段话：“纸糊窗，竹做榻，挂一幅单条画，种几枝得意花，生前有一院，死后有一丘，足矣。”足见其性情恬淡，志向高远。

图书在版编目（CIP）数据

中原历史文化系列丛书．圣贤 / 李鸿安著．-- 北京：中央民族大学出版社，2016.12（2018.3 重印）

ISBN 978-7-5660-0653-0

Ⅰ．①中… Ⅱ．①李… Ⅲ．①文化史—河南省②历史人物—生平事迹—河南省 Ⅳ．①K296.1 ②K820.861

中国版本图书馆 CIP 数据核字（2014）第 003713 号

圣贤

著　　者　李鸿安
责任编辑　戴佩丽
装帧设计　汤建军
出 版 者　中央民族大学出版社
　　　　　北京市海淀区中关村南大街 27 号　　邮编：100081
　　　　　电话：68472815（发行部）　　传真：68933757（发行部）
　　　　　　　　68932218（总编室）　　　　　68932447（办公室）
发 行 者　全国各地新华书店
印 刷 厂　北京宏伟双华印刷有限公司
开　　本　880×1230（毫米）　1/16　印张：9.625
字　　数　320 千字
版　　次　2016 年 12 月第 1 版　2018 年 3 月第 2 次印刷
书　　号　ISBN 978-7-5660-0653-0
定　　价　80.00 元